中国企业
汇率风险管理实践

目 录

1 全球宏观环境及外汇市场概况

1.1 宏观形势回顾与展望

1.2 经贸投资形势回顾与展望

1.3 外汇市场走势回顾与展望

1.4 汇率波动影响

2 企业汇率风险管理

2.1 汇率风险中性

2.2 企业汇率风险来源及影响

2.3 企业汇率风险管理现状

2.4 企业汇率风险管理体系

2.5 企业汇率风险管理程序

2.6 企业汇率风险管理工具

3 外汇套期保值

3.1 套期关系管理

3.2 套期交易

3.3 套期风险管理

4 外汇套期会计

5 套保案例分享

1

全球宏观环境及外汇市场概况

1.1

宏观形势回顾与展望

1.1.1 全球形势回顾

在地缘政治冲突、通货膨胀和货币紧缩等多重冲击下，2024年世界经济表现出惊人韧性，这种韧性主要源于紧缩性货币政策影响较弱、主要经济体劳动力市场相对强劲等。尽管全球经济趋于稳定，但经济运行中的短期问题和长期矛盾交织，经济增长动能不足，大国战略博弈加剧，地缘政治风险上升，贸易保护主义抬头，财政政策仍偏宽松，主要央行开启降息周期，资产价格明显上涨，全球外汇市场波动显著。

1.1.1.1 经济增长

2024年，全球经济在多重挑战下继续缓慢复苏，总体保持稳定。经统计[①]，2024年世界经济增长3.2%，较2023年下降0.1个百分点。在发达经济体中，美国、日本经济增速分别为2.8%和0.1%，较2023年分别下降0.1个和1.7个百分点；欧元区、英国经济增速分别为0.7%和0.9%，较2023年分别上升0.3个和0.8个百分点。在新兴市场和发展中经济体中，中国、印度经济增速分别为5.0%和6.7%，较2023年分别下降0.4个和1.5个百分点；俄罗斯经济增速为4.1%，较2023年上升0.5个百分点；巴西、墨西哥经济增速分别为3.4%和1.5%，较2023年分别上升0.5个百分点和下降1.7个百分点。新兴市场中亚洲成为了全球经济增长的主要引擎。

1.1.1.2 通货膨胀

2024年，全球通胀率进一步下降。据国际货币基金组织统计，2024年全球全年平均通胀率为5.9%，较2023年下降0.8个百分点。其中，发达经济体通胀率为2.7%，较2023年下降1.9个百分点；

① 数据根据公开信息统计。

新兴市场和发展中经济体通胀率也在下降，2024年为7.9%，较2023年小幅下降0.2个百分点。通胀率的下降为全球经济增长、国际贸易关系改善和金融市场稳定等创造了有利条件。

1.1.1.3 财政政策

2024年，全球财政政策延续宽松态势。国际货币基金组织数据显示，在全球纳入统计的196个经济体中，2024年财政赤字运行的经济体占比高达78.6%，与2023年持平。其中，发达经济体财政政策保持不变，广义政府基本财政赤字与GDP之比为2.7%，与2023年基本持平，经济增长预期减弱；新兴市场和发展中经济体财政政策更为宽松，广义政府基本财政赤字与GDP之比为3.5%，较2023年上升0.2个百分点，相对积极的财政政策和经济增长潜力，吸引了部分国际资金流入。

1.1.1.4 货币政策

2024年，主要发达经济体的货币政策走势呈现差异化。美国联邦储备系统在2024年内共进行了2次降息：9月首次降息50个基点，开启降息周期，将联邦基金利率目标区间降至4.75%～5.00%；12月再次降息25个基点，将目标区间降至4.25%～4.50%，全年累计降息75个基点。

欧洲央行在2024年度共实施了3次降息，每次均为25个基点：第1次将存款便利利率从4.00%降至3.75%；第2次降至3.50%；10月第3次降息后，存款便利利率降至3.25%，主要再融资利率降至3.40%，边际借贷利率降至3.65%，累计降息75个基点。

英国央行在2024年共进行了2次降息：7月首次降息25个基点，将银行利率从5.25%降至5.00%；11月再次降息25个基点，降至4.75%，全年累计降息50个基点。而日本央行则选择了不同的政策路径，在2024年共进行了两次加息：3月首次加息10个基点，结束了负利率政策；7月再次加息15个基点，将政策利率提高至0.25%，全年累计加息25个基点。

截至2024年12月，美国、欧元区、英国和日本的10年期国债收益率分别维持在4.58%、3.00%、4.52%和1.08%的水平（如图1.1所示）。

图1.1 主要发达经济体10年期国债收益率

（数据来源：同花顺）

1.1.2 中国形势回顾

1.1.2.1 经济增长

2024年，中国经济运行总体平稳，经济总量首次突破130万亿元，全年实现5%的经济增长目标。

2024年，我国经济同比增长5.0%，第一、第二、第三产业同比分别增长3.5%、5.3%和5.0%。全国规模以上工业增加值同比增长5.8%，高于上年同期1.2个百分点。全国规模以上装备制造业增加值同比增长7.7%，高技术制造业增加值同比增长8.9%，电子及通信设备制造业、航空航天器及设备制造业等新兴产业不断成长。服务业生产指数同比增长5.0%，较上年同期下降0.8个百分点。信息传输软件和信息技术服务业、租赁和商务服务业、金融业等现代服务业发展较快（如表1.1所示）。

表1.1　2022—2024年经济指标概览

指标	2022年	2023年	2024年
GDP 增长率（%）	3.1	5.4	5.0
规模以上工业增加值	3.6	4.6	5.8
服务业增加值	2.3	5.8	5.0
固定资产投资完成额（累计）	5.1	3.0	3.2
房地产开发投资额（累计）	−10.0	−9.6	−10.6
社会消费品零售总额	−0.2	7.2	3.5
居民消费价格指数（CPI）	2.0	0.2	0.2
工业生产者出厂价格指数（PPI）	4.1	−3.0	−2.2
广义货币（M2，期末）	11.8	9.7	7.3
社会融资规模（存量，期末）	9.6	9.5	8.0

数据来源：国家统计局。

1.1.2.2 通货膨胀

2024年，中国通胀水平保持在温和区间，全年居民消费价格指数（CPI）同比上涨0.2%，核心CPI呈现结构性回升态势。尽管受到制造业需求不足和全球大宗商品价格走弱影响，工业生产者出厂价格指数（PPI）同比下降2.2%，但在产业结构转型背景下，新质生产力发展成效显著。传统产业通过技术升级降低生产成本，新兴产业（如新能源、数字经济）形成规模效应，部分工业品价格呈现“提质不涨价”特征。

1.1.2.3 财政政策

2024年，中国财政政策总体贯彻“适度加力、提质增效”的要求，积极应对复杂多变的经济形势，发挥了稳增长、防风险和惠民生的重要作用。收入端，尽管受物价低迷以及减税降费政策等因素影响，财政收入增长略显乏力，但在两轮房地产刺激政策出台后，市场均出现阶段性、结构性改善，一般公共预算收入同比增长1.3%，呈现“前低后高”态势。支出端，财政保持必要

支出强度，全年一般公共预算支出同比增长3.6%，重点投向社会保障、教育、科技、农林水等领域，支出结构持续优化。总体看，2024年财政政策在收入承压的情况下，通过盘活存量资源、优化支出结构，实现了财政收支的紧平衡，为经济发展提供了有力支撑。

1.1.2.4 货币政策

2024年，中国延续稳健基调，灵活运用货币政策工具保持流动性合理充裕，推动社会融资规模和货币供应量与经济增长相匹配。一是释放流动性，央行通过两次降准操作降低金融机构存款准备金率1个百分点，释放长期流动性超过2万亿元；综合运用公开市场操作、MLF、再贷款再贴现等工具调节市场流动性；优化国债买卖、买断式回购等操作机制，进一步丰富流动性管理手段。二是加强利率调控，央行两次降低政策利率共0.3个百分点，引导1年期及5年期以上贷款市场报价利率（LPR）分别累计下降0.35个和0.6个百分点。这一举措带动了新发放企业贷款和个人住房贷款利率的明显下降，12月分别同比下降约40个和90个基点。三是强化结构性支持，设立5 000亿元科技创新和技术改造再贷款，扩大碳减排支持工具支持范围，推动信贷结构优化，支持房地产市场平稳健康发展。总体看，2024年货币政策通过灵活调整政策力度和节奏，有力支持了经济的回升向好，并为科技创新、乡村振兴和居民消费等重点领域提供了有力的金融支持（如图1.2所示）。

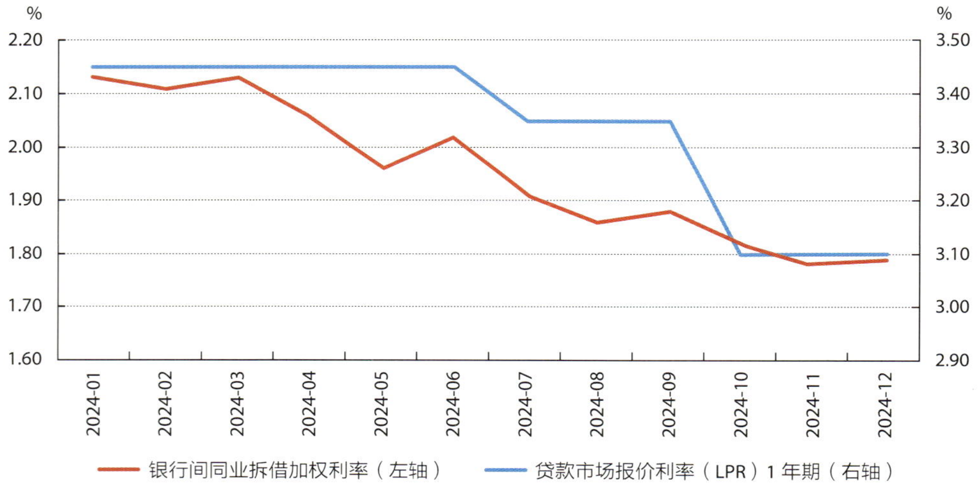

图1.2 中国市场利率变化

（数据来源：同花顺）

1.1.3 宏观形势展望

2024年，尽管全球经济持续温和复苏，通胀压力有所缓解，但世界经济前景仍存在诸多不确定性，下行风险不容小觑。

一是美国特朗普新政或对全球经济产生显著影响。一方面，新政府可能对内采取减税、放松监管以及大规模财政刺激等措施，短期内会助推美国经济继续扩张；另一方面，如果特朗普兑现其

竞选承诺，对全球加征10%关税，对中国加征60%关税，这可能会中断全球贸易复苏进程，破坏多边贸易规则，甚至可能引发全球"贸易战"，加剧全球贸易碎片化，世界经济将面临进一步分化。

二是地缘政治冲突可能引发供给冲击和大宗商品价格剧烈波动。近年来，地缘冲突和区域热点事件频发，一旦冲突升级，可能引发新一轮供给冲击，导致石油、天然气等关键资源价格大幅上涨。地缘政治冲突还可能扰乱全球航运体系，加剧供应链中断风险。

三是贸易碎片化趋势加剧，可能扰乱全球产业链供应链，降低生产效率。大国博弈与地缘政治冲突可能导致区域间贸易和投资关系紧张，催生形成新的贸易壁垒和保护主义措施，全球多边贸易体系或将受到严重冲击。

四是主要经济体货币政策失误风险犹存。在错综复杂的国内外环境下，各国央行决策失误风险加大，或引发新的经济冲击：一方面，若过早放松紧缩措施，可能导致通胀预期钝化，通胀水平再度走高；另一方面，若政策转向滞后，维持高利率环境时间过长，则可能引发经济衰退。

在影响2025年世界经济形势的诸多因素中，关键变量是特朗普新政府经贸政策变化和中美经济运行态势，从目前国际经济政治环境看，2025年世界经济仍将行进在中低速增长轨道上，新兴市场和发展中经济体经济增速或将显著高于发达经济体。

1.2 经贸投资形势回顾与展望

1.2.1 全球形势回顾

1.2.1.1 国际贸易

2024年，虽然地区冲突扩大导致贸易政策不确定性上升，但全球贸易仍在逐步复苏。据2024年10月世界贸易组织（WTO）统计，2024年国际货物贸易量增长2.7%。2024年10月美国纽约联邦储备银行发布的全球供应链压力指数（GSCPI）显示，9月该指数为0.13，虽较8月的0.20略有回

落，但较2023年同期上升120.2%，整体保持在接近历史均值的水平。值得注意的是，2024年7月至9月连续3个月该指数转为正值，虽然幅度较小，但预示着供应链压力出现了轻微回升迹象。

1.2.1.2 跨境投资

2024年，虽然全球投资环境仍具挑战，但国际投资下行趋势有所缓解。一方面，跨国企业利润尚处于较高水平，有力支撑了跨境绿地投资；另一方面，在已持续两年的高利率环境后，发达国家央行陆续步入降息周期，融资条件的改善促进了国际项目融资复苏和跨境并购交易回暖。2024年，全球FDI投资规模下降8%，但美国、越南、马来西亚、印度尼西亚和墨西哥等国家仍表现出较强的吸引力。其中，越南的FDI实际到位资金创下历史新高，美国和马来西亚的FDI流入规模也保持高位。

1.2.2 中国形势回顾

2024年，中国对外经贸在复杂国际环境中保有韧性。外贸发展质量逐步提升，跨境电商与数字贸易渗透加快，“中国制造”迈向价值链高端、“中国智造”跃迁；对外投资步伐稳健，聚焦多领域及“一带一路”沿线基建项目；区域经贸合作不断深化，中国正在通过多元化国际市场布局，推动对外经贸在提质增效中实现平稳升级。

1.2.2.1 对外贸易

2024年，我国国际收支货物和服务贸易进出口规模为503 218亿元，同比增长7%，全年外贸的较好发展得益于高水平对外开放政策的出台与实施。

（1）货物贸易稳中有增

2024年，全国货物贸易进出口总值43.85万亿元，同比增长5%；货物贸易顺差70 623亿元，同比增长22%，实现了总量、增量、质量的“三量”齐升，我国作为全球货物贸易第一大国地位更加稳固（如图1.3所示）。

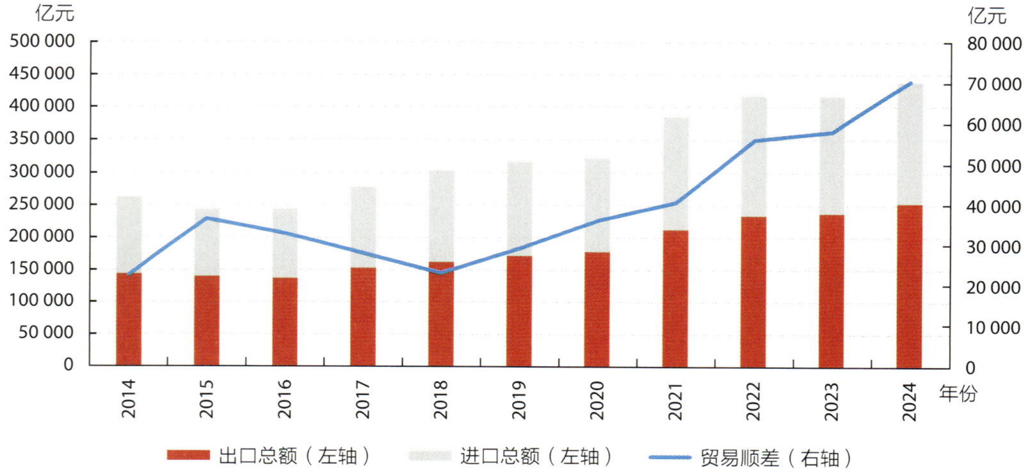

图1.3　2014—2024年货物贸易进出口总值和顺差

（数据来源：海关总署）

从货物进出口区域看，截至2024年末，我国已与150多个国家和地区建立了贸易伙伴关系，在维持与美国、欧洲、日本、韩国等传统贸易伙伴关系基础上，拓展了东盟、非洲、拉丁美洲、俄罗斯等新兴经济体市场，进一步提升了与“一带一路”共建国家的经贸合作水平，持续推动我国对外贸易高质量发展（如表1.2所示）。

表1.2　2024年中国进出口商品主要国家总值

单位：元

进口原产国（地）出口最终目的国（地）	进出口	出口	进口	累计比去年同期±%		
	1月至12月	1月至12月	1月至12月	进出口	出口	进口
总值	4 384 679 258.36	2 545 453 724.07	1 839 225 534.29	5.0	7.1	2.3
亚洲	2 201 215 999.44	1 227 254 887.45	973 961 112.00	6.6	8.0	4.8
韩国	233 456 408.57	104 146 944.41	129 309 464.16	6.9	−0.5	13.6
中国香港	220 392 140.89	207 185 652.62	13 206 488.27	8.8	7.3	37.8
日本	219 343 066.02	108 157 655.84	111 185 410.18	−2.0	−2.3	−1.7
越南	185 478 272.26	115 198 602.86	70 279 669.39	14.6	19.0	8.1
马来西亚	150 870 765.63	72 201 339.59	78 669 426.04	12.7	17.6	8.6
印度尼西亚	105 166 868.11	54 583 977.28	50 582 890.83	7.4	19.0	−2.9
印度	98 539 082.20	85 736 001.91	12 803 080.29	2.9	3.6	−1.7
泰国	95 334 334.63	61 218 291.03	34 116 043.60	7.4	15.0	−4.0
新加坡	79 073 937.12	56 380 366.70	22 693 570.42	3.9	4.3	2.7
欧洲	872 774 029.73	525 502 112.13	347 271 917.60	2.5	4.9	−1.0
俄罗斯	174 100 257.72	82 123 362.26	91 976 895.46	2.9	5.0	1.0
德国	143 641 709.57	76 175 547.22	67 466 162.36	−1.2	7.8	−9.7
荷兰	78 288 645.88	64 905 025.47	13 383 620.41	−4.9	−7.8	12.1
英国	69 975 056.67	56 117 131.87	13 857 924.80	1.5	2.3	−2.0
北美洲	556 513 619.96	406 671 082.29	149 842 537.67	5.0	6.0	2.5
美国	489 778 315.19	373 372 227.60	116 406 087.59	4.9	6.1	1.2
拉丁美洲	368 887 357.38	197 098 765.20	171 788 592.19	7.2	14.4	0.0
巴西	133 866 300.87	51 282 091.52	82 584 209.34	4.6	23.3	−4.4
墨西哥	77 855 126.84	64 199 829.23	13 655 297.62	10.5	12.1	3.6
非洲	210 321 776.20	127 225 404.89	83 096 371.31	6.1	4.8	8.2
南非	37 318 172.59	15 522 168.25	21 796 004.34	−4.5	−6.5	−3.0
尼日利亚	15 578 283.52	13 452 790.40	2 125 493.12	−1.7	−5.0	26.8
埃及	12 368 108.03	11 957 263.75	410 844.28	11.3	13.9	−33.2

续表

进口原产国（地）出口最终目的国（地）	进出口	出口	进口	累计比去年同期±%		
	1月至12月	1月至12月	1月至12月	进出口	出口	进口
大洋洲	173 773 012.16	61 699 303.72	112 073 708.44	-6.1	-0.4	-8.9
澳大利亚	150 315 436.87	50 309 339.35	100 006 097.52	-7.0	-3.1	-8.9
其他东盟国家	698 991 577.20	417 363 640.31	281 627 936.89	9.0	13.4	3.2
其他欧盟国家	559 149 488.23	367 505 843.79	191 643 644.45	1.6	4.3	-3.3

数据来源：海关总署。

2024年，从发达经济体看，我国对美国贸易增长约4.9%，与我国贸易整体增速保持一致；对欧洲贸易增长约2.5%，但对德国贸易下降1.2%，表明欧洲市场需求疲软。从新兴市场看，我国对东盟进出口已连续4年保持增长态势，连续5年互为第一大贸易伙伴，其中对越南、马来西亚、泰国、印度尼西亚等国家进出口增速尤为显著；对拉美、非洲、中东欧等地进出口分别增长7.2%、6.1%和7.5%；与其他金砖成员国和伙伴国进出口增长约5.5%。上述新兴市场对我国外贸增长贡献高达60%，是推动我国外贸增长的重要力量。

目前我国货物贸易涉及主要发达经济体货币主要包括美元、欧元、英镑、韩元、港元、日元、澳大利元和新加坡元；新兴市场经济体货币主要包括巴西雷亚尔、墨西哥比索、俄罗斯卢布、越南盾、马来西亚林吉特、印度尼西亚盾、泰铢、印度卢比（如图1.4所示）。

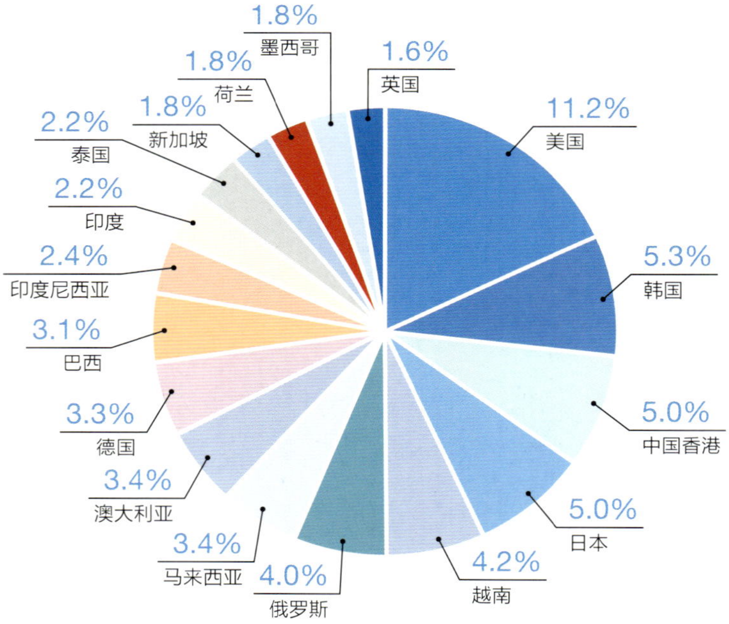

图1.4　2024年中国进出口商品主要国家（地区）总值分布

（2）服务贸易快速增长

2024年，全国服务贸易进出口总值75 238亿元，同比增长14.4%。其中，出口总额31 755.6亿元，增长18.2%；进口总额43 482.4亿元，增长11.8%；服务贸易逆差11 726.8亿元，较上年减少314.3亿元（如图1.5所示）。

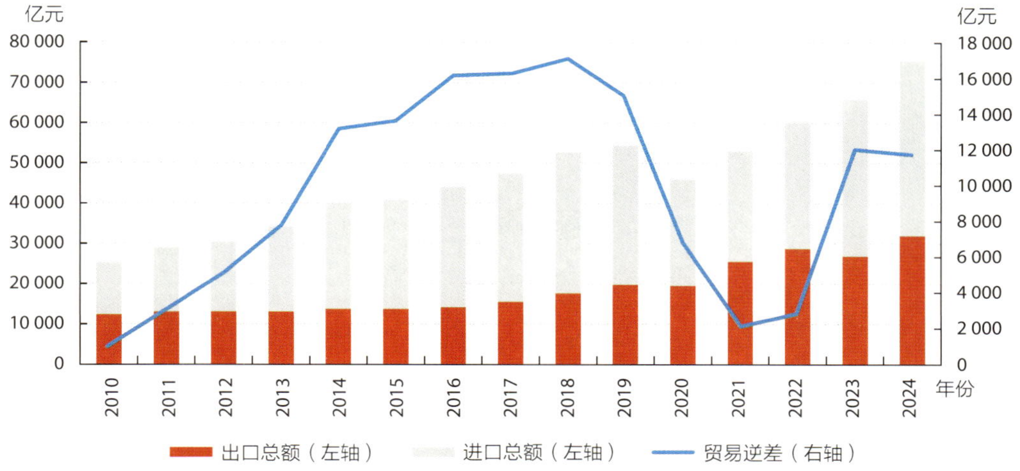

图1.5　2010—2024年服务贸易进出口总值和逆差

（数据来源：中华人民共和国商务部）

从结构看，旅行服务增长最快。2024年，旅行服务继续保持高速增长，全年进出口总值达20 511.5亿元，同比增长38.1%，为服务贸易第一大领域。此外，知识密集型服务贸易保持增长态势，全年进出口总值28 965.2亿元，同比增长约6.5%，其中出口16 573.2亿元，同比增长7.4%。

（3）外贸创新蓬勃发展

从外贸创新看，跨境电商、数字贸易、绿色贸易等新业态是我国对外贸易恢复性发展的重要驱动力。2024年，跨境电商进出口总值达2.63万亿元，同比增长10.8%，相较2020年增加约1万亿元；高科技属性新产品加速出海，电动汽车、3D打印机和工业机器人出口分别实现了13.1%、32.8%和45.2%的增长；绿色贸易领跑全球，我国风力发电机组出口增长71.9%，光伏产品连续4年出口超过2 000亿元，锂电池出口数量为39.1亿个，创历史新高。

1.2.2.2 对外投资

2024年，中国企业对外直接投资11 592.7亿元，同比增长11.3%，呈现出结构优化、稳中有进的发展态势，这一趋势有望在2025年得以延续，特别是在“一带一路”共建国家和新兴市场（如图1.6所示）。

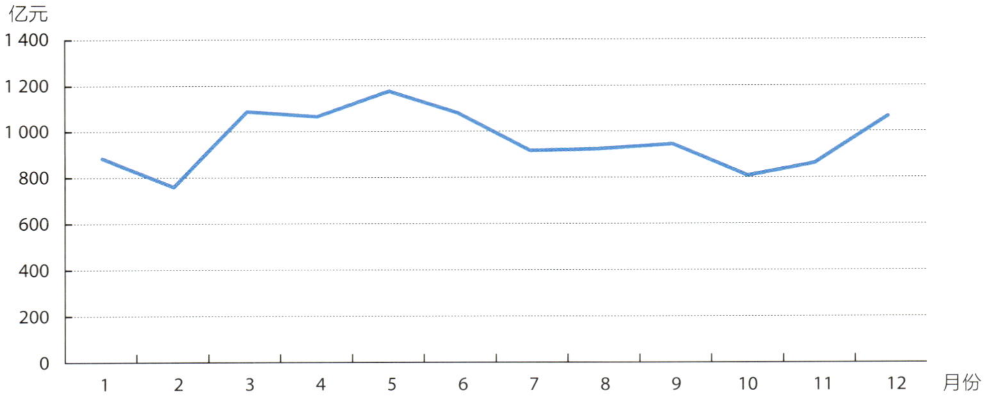

图1.6　2024年我国全行业每月对外直接投资总额

（数据来源：中华人民共和国商务部）

从投资类型看，2024年，我国境内投资者共对全球151个国家和地区的9 400家境外企业进行了非金融类直接投资，累计投资10 244.5亿元，增长约11.7%。其中，对东盟地区投资增长较快，同比增长12.6%，主要为资本与技术向新加坡、印度尼西亚和泰国等国的协同输出，该类投资的稳步增长彰显了我国企业在国际市场中不断提升的活跃度与话语权。

从投资区域看，“一带一路”共建国家继续成为中国企业“走出去”的首选目标。2024年，我国企业对“一带一路”共建国家非金融类直接投资2 399.3亿元，同比增长6.5%；与“一带一路”共建国家新签承包工程合同额16 556.5亿元，同比增长1.4%。中国企业通过持续深化与共建国家的全方位务实合作，为高质量“一带一路”共建作出了积极探索和重大贡献。

1.2.3 经贸投资形势展望

展望2025年，全球宏观环境复杂多变，特别是“特朗普2.0时代”贸易保护主义政策、关税政策等的实施将对我国对外经贸产生重大深远影响。尽管外部环境存在诸多不确定性，但中国对外经贸的韧性与活力依然强劲，有望在全球经济复苏乏力和国内经济结构调整的双重背景下，继续保持稳定增长，并展现出新的发展态势。

一是贸易结构持续优化。高新技术产品、新能源汽车、锂电池、光伏产品等高附加值产业出口将继续保持强劲增长，或将成为拉动外贸的重要引擎。

二是数字贸易与跨境电商加速发展。随着大数据、人工智能等技术的广泛应用，数字经济已成为全球贸易重要驱动力。我国跨境电商、直播带货等新兴模式将为外贸企业拓展海外市场提供新机遇。

三是服务贸易与知识密集型产业崛起。服务贸易将继续保持增长态势，特别是知识密集型服务贸易（如电信、计算机和信息服务等），将成为中国对外经贸新亮点，推动中国从传统商品出口向技术、服务和品牌输出转变。

四是区域合作与市场多元化。中国在与美国、欧盟等传统贸易伙伴合作继续深化的同时，将

进一步拓展新兴市场，继续深化与东盟、“一带一路”共建国家的经贸合作，推动区域供应链的融合与发展，降低对传统市场的依赖，形成多元化国际市场格局。

1.3 外汇市场走势回顾与展望

2024年，全球外汇市场在复杂多变的国际政治经济环境下，受全球经济复苏缓慢、地缘政治风险上升、美国大选等多重因素影响，呈现出显著的波动性和分化态势。美元指数强势震荡，日元汇率大幅波动，新兴市场货币分化，人民币汇率保持韧性。

1.3.1 国际市场回顾

1.3.1.1 发达经济体

2024年，作为“全球降息”年，多数发达经济体央行均实施了宽松货币政策，货币政策的调整影响了外汇市场走势。全年美元指数保持相对强势，导致其他经济体贬值压力显现（如图1.7所示）。

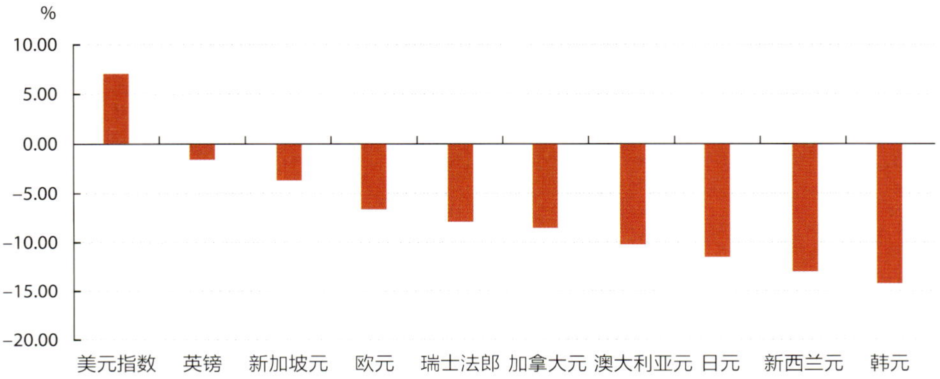

图1.7 2024年美元指数及部分经济体货币跌幅

（数据来源：同花顺）

（1）美元指数。2024年，美元指数经历了升、降、升三个阶段，上半年美联储降息预期不断延后，美元指数从年初的101.32震荡上行到108附近；第三季度美联储首轮超预期降息，使美元指数下探至100左右；第四季度美国大选尘埃落定，特朗普交易盛行推动美元指数再度走强，12月31日达108.48，较年初上涨7.07%（如图1.8所示）。

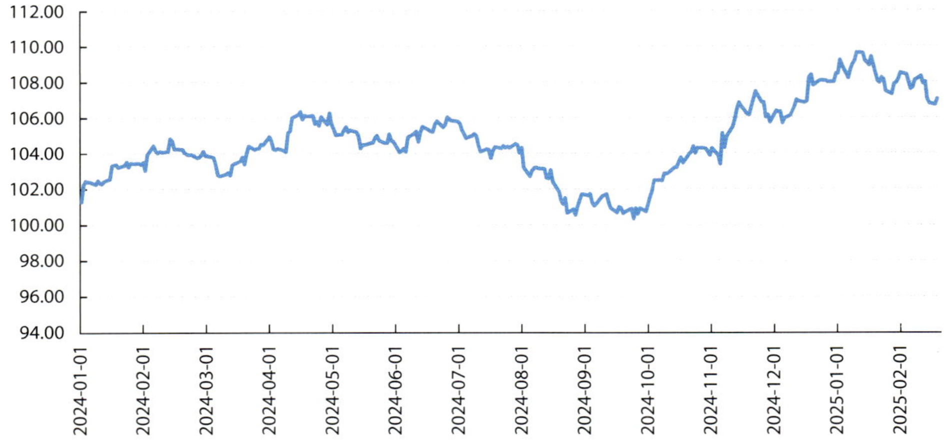

图1.8　美元指数变动趋势

（数据来源：同花顺）

（2）欧元兑美元。随着欧美货币政策节奏分化和部分成员国经济疲软，2024年欧元兑美元整体呈波动反弹再下跌的走势。从年初的1.10震荡下行至4月中的1.06，此后开始波动回升；后因市场对美国经济衰退及美联储更大幅度降息的预期上升，美元走弱反推欧元走高，在美联储降息落地后，欧元兑美元一度升破1.12；此后因受欧元区通胀压力持续减轻以及经济数据走弱影响，欧元兑美元一路下行，最低时跌破1.04（如图1.9所示）。

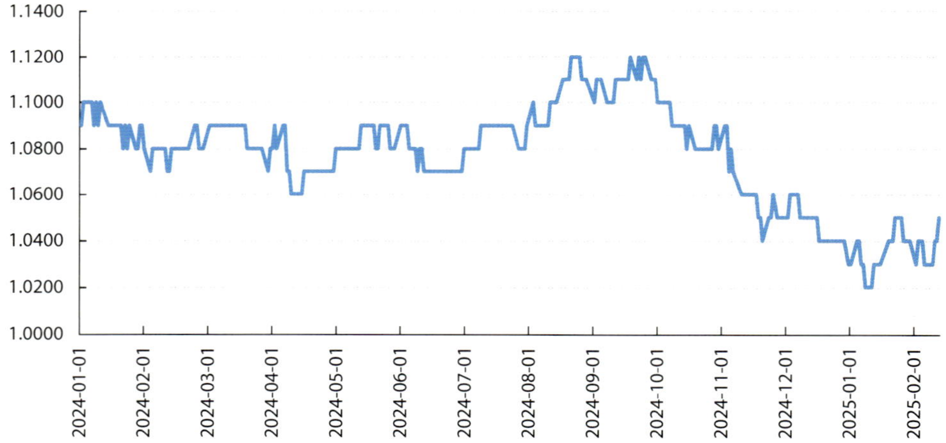

图1.9　欧元兑美元汇率变动趋势

（数据来源：同花顺）

（3）英镑兑美元。2024年，英镑兑美元汇率呈现先升后降趋势。前三季度，英镑兑美元汇率不断上升，一度达到1英镑兑1.34美元，但随着美元走强和英国经济增长停滞，英镑兑美元汇率在2024年底回落至1英镑兑1.25美元（如图1.10所示）。

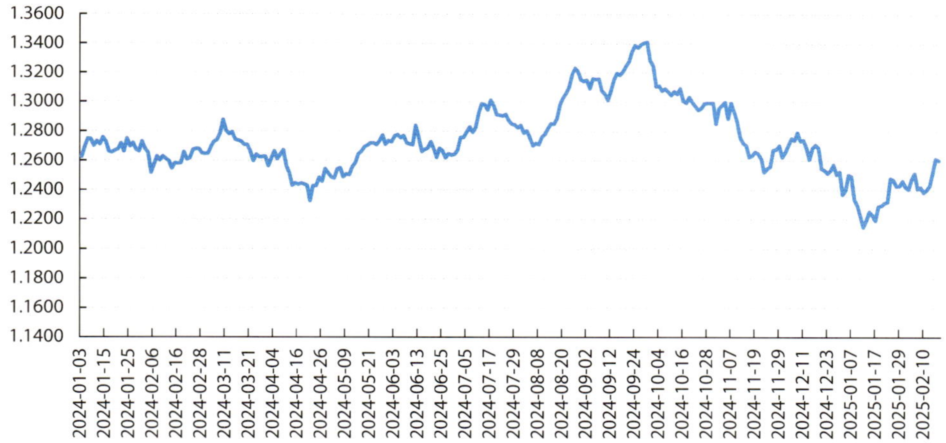

图1.10　英镑兑美元汇率变动趋势

（数据来源：同花顺）

（4）美元兑日元。2024年，美元兑日元汇率震荡剧烈，7月初触顶161（自1987年以来高位），随着日本央行加息叠加美国衰退交易影响，套息交易逆转助力日元汇率一度来到140附近，随着美国衰退交易逐渐退潮，汇率再度升至年末的157。整体来看美元兑日元较年初升值11.35%（如图1.11所示）。

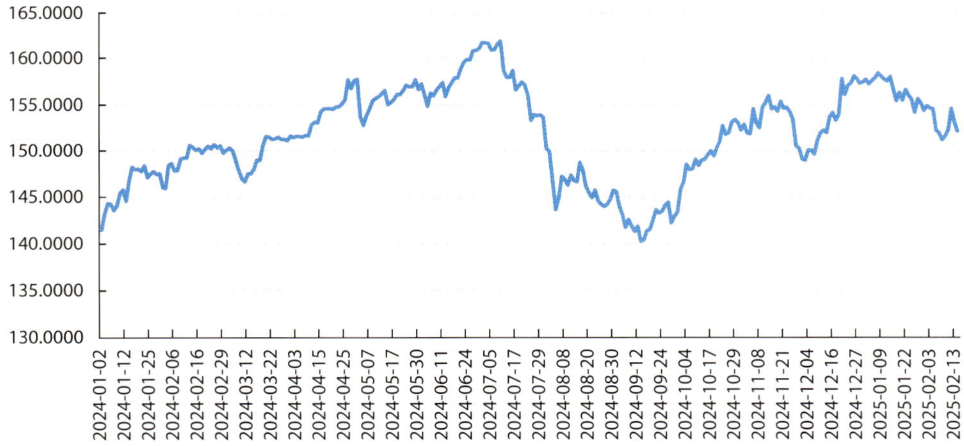

图1.11　美元兑日元汇率变动趋势

（数据来源：同花顺）

（5）美元兑韩元。2024年12月31日，美元兑韩元汇率涨至1 477.86，韩元兑美元2024年全年累计贬值幅度达14.52%，为2008年以来最大跌幅。除了特朗普关税计划影响外，朝韩关系恶化、韩国政治局势的持续动荡也加剧了韩元贬值（如图1.12所示）。

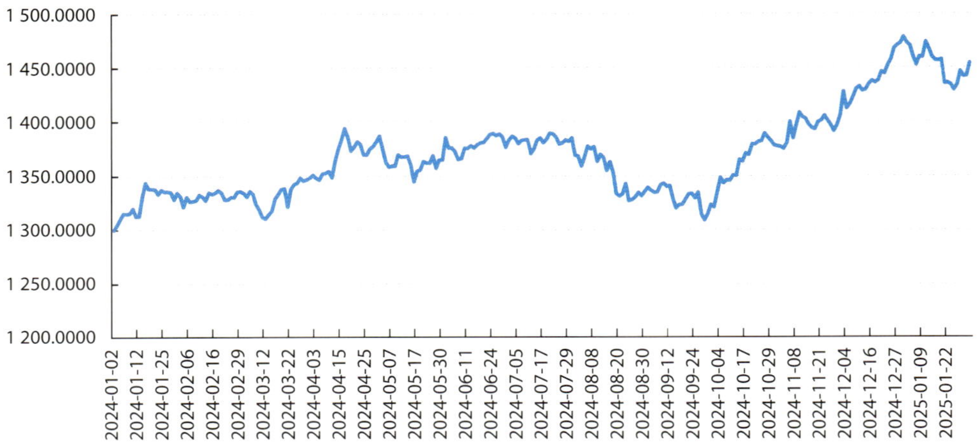

图1.12 美元兑韩元汇率变动趋势

（数据来源：同花顺）

（6）澳大利亚元兑美元。2024年澳大利亚元兑美元汇率呈现显著下行趋势。2024年年初澳大利亚元以0.6812开局，但受澳大利亚经济疲软及美国强劲经济数据的拖累，全年跌幅达9.2%，第四季度更是急跌超10%，年末收于0.6185的年内低点（如图1.13所示）。

图1.13 澳大利亚元兑美元汇率变动趋势

（数据来源：同花顺）

（7）美元兑新加坡元。2024年美元兑新加坡元汇率呈现波动走势，整体表现为先抑后扬。年初至8月中旬，受新加坡金管局偏紧货币政策预期及美联储降息预期升温影响，美元兑新加坡元汇率承压下行。进入第四季度后，市场情绪逐渐转向避险，叠加美国经济数据相对强劲及美联储降息预期减弱，美元逐步反弹（如图1.14所示）。

图1.14　美元兑新加坡元汇率变动趋势

（数据来源：同花顺）

1.3.1.2 新兴市场

2024年，为促进经济增长，全球新兴市场国家普遍采取了宽松货币政策。发达经济体特别是美元货币政策的调整以及美元全年整体强势，导致新兴市场国家汇率贬值压力普遍加大（如图1.15所示）。

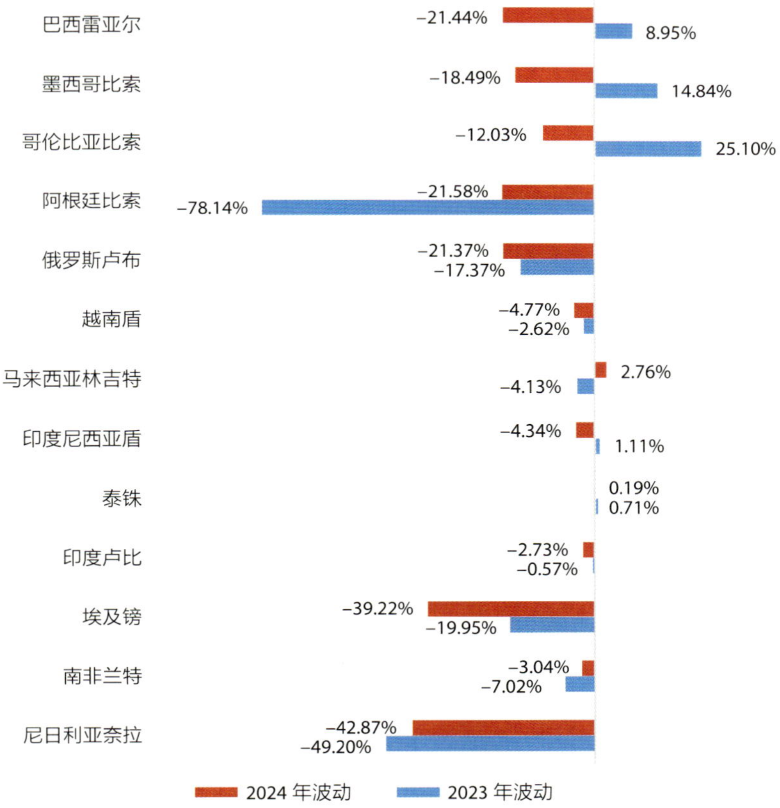

图1.15　新兴市场货币对美元波动情况

（数据来源：路透）

（1）巴西雷亚尔（BRL）。2024年，巴西雷亚尔兑美元呈单边贬值趋势。2024年初至4月，汇率相对稳定，但随后巴西雷亚尔快速贬值。由于巴西政府实施的货币政策和财政政策未能有效提振市场信心，叠加经济结构性改革滞后、财政赤字扩大以及受大宗商品价格波动拖累等因素，巴西国内经济增长乏力，通胀压力日益加大，市场对巴西雷亚尔需求下降。2024年全年巴西雷亚尔兑美元贬值约21%。

（2）墨西哥比索（MXN）。2024年初，美元兑墨西哥比索表现强劲，4月初比索汇率升至九年来最高水平。由于墨西哥国内政策不稳，特别是现任总统克劳迪娅·辛鲍姆的政策改革引发了投资者担忧，比索开始下跌。此外，因墨西哥制造业出口受益于“近岸外包”（尤其是汽车产业），特朗普威胁加征关税的言论进一步加剧了比索贬值。2024年底，比索兑美元汇率较年初贬值约18.49%。

（3）俄罗斯卢布（RUB）。2024年，俄罗斯卢布兑美元整体呈贬值态势。2024年初至6月，卢布汇率稳中有升，震荡走强。但自6月下旬起，受制于地缘政治风险、西方经济制裁、能源出口受限以及资本外流等因素，卢布货币信用受到削弱，开始大幅贬值。2024年，卢布兑美元汇率全年贬值约21.37%。

（4）越南盾（VND）。作为依赖出口的国家，2024年在能源成本上升和出口市场需求减弱的双重压力下，越南贸易逆差不断扩大，直接影响了越南盾的稳定性。2024年4月，西贡商业银行金融欺诈案导致市场恐慌情绪蔓延，大量资金外逃，越南盾汇率大幅贬值。此外，美元指数走高、美越利差倒挂，也对越南盾形成贬值压力。2024年底，越南盾兑美元汇率贬值约4.77%。

（5）马来西亚林吉特（MYR）。2024年，在强劲的经济增长、稳健的货币政策、区域经济合作增多以及外资流入增加等多重因素共同作用下，林吉特兑美元汇率整体呈稳定态势，2024年全年升值约2.76%，具有一定韧性。

（6）印度尼西亚盾（IDR）。2024年，印度尼西亚股市大幅下跌（自2月份进入熊市），债券市场也表现不佳，削弱了市场信心；自2024年10月起印度尼西亚政府推行了一系列扩张性财政政策，引发了市场对政府财政管理能力的担忧，进一步导致投资者信心下降。此外，全球地缘政治紧张局势及美国政府的关税威胁，导致大量外资从印度尼西亚流出，加大了印度尼西亚盾贬值压力。2024年，印度尼西亚盾兑美元汇率整体呈贬值趋势，全年下跌约4.34%。

（7）泰铢（THB）。2024年，泰铢兑美元汇率呈先贬后升走势。上半年整体贬值，但随着美联储在第三季度开启降息周期，泰铢开始反转升值。此外，受益于旅游业复苏带来的服务贸易顺差，2024年底泰铢兑美元汇率与上年同期相当，小幅升值0.19%，但全年波动幅度明显加大。

（8）印度卢比（INR）。2024年，美联储的高利率政策导致全球资本从新兴市场大量回流入美国，外资从印度股市和债市大规模撤资，给印度卢比带来巨大压力。2024年10月，印度储备银行调整政策为“中性”，引发市场对降息的预期，加剧了卢比贬值。2024年11月，印度贸易逆差显著扩大，印度对外汇需求增加，进一步压低了卢比汇率。2024年底，卢比兑美元汇率较年初贬值约2.73%。

1.3.2 国内市场回顾

1.3.2.1 人民币兑美元

2024年，受美元走强、中美利差倒挂以及地缘政治风险加剧等影响，人民币兑美元汇率双向波动显著，即期汇率最低达7.0106（9月）、最高达7.2970（12月）。在岸、离岸人民币兑美元汇率全年分别贬值约2.8%和3.0%（离岸人民币汇率波动更为明显），但跌幅显著小于其他亚洲货币（如日元、韩元、越南盾等）。从整体看，人民币汇率全年历经“贬值—反弹—再承压”三个阶段。

第一阶段：上半年（1~6月）。受美元走强和中美利差倒挂影响，在岸人民币即期汇率跌至7.2659，累计贬值2.4%；离岸人民币汇率跌至7.2996。

第二阶段：年中（7~9月）。受美国就业数据不及预期、日本加息、国内降准降息和置换隐性债务等政策提振市场信心的影响，人民币即期汇率快速反弹，最高升至7.0156，累计涨幅超3.5%，离岸汇率一度突破7。

第三阶段：第四季度（10~12月）。受特朗普交易影响，美元指数回归，人民币汇率再度承压，人民币中间价从7.0074跌至7.1884，离岸汇率最低至7.3371，年末在岸收盘价报7.2988（如图1.16所示）。

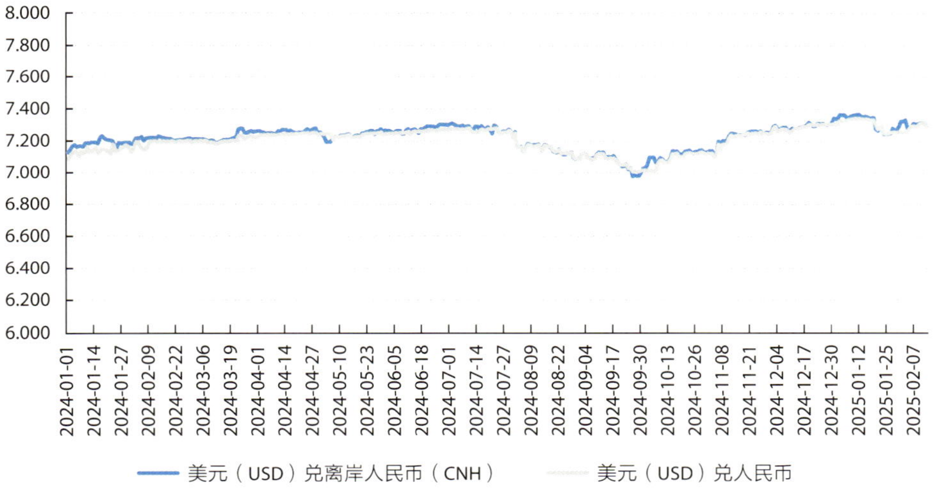

图1.16 美元兑人民币汇率变动趋势

（数据来源：同花顺）

1.3.2.2 人民币兑一篮子货币

2024年，国内经济恢复、贸易顺差扩大和外汇储备充足，为人民币汇率“内稳外压”的韧性提供了强有力的支撑，人民币兑一篮子货币全年稳中有升，CFETS人民币汇率指数全年累计上涨3.68%，凸显了人民币作为亚洲货币“稳定锚”的重要作用。

1.3.3 外汇市场展望

展望2025年，全球外汇市场或将围绕着“美元微笑”和特朗普政策及影响两大主题展开，高波动将成为外汇市场的主基调。

美联储货币政策路径的不确定将成为关键扰动因素，可能会引发美元汇率的剧烈波动。与此同时，特朗普政府的新一轮政策冲击将进一步放大市场震荡，其激进的财政扩张和贸易保护措施可能在短期内推高美元，但中长期将加速“去美元化”进程，削弱美元信用基础。此外，全球主权债务风险持续发酵，新兴市场在高美元利率环境下尤为脆弱，而投资者对部分发达经济体的财政稳定性担忧也可能引发阶段性市场动荡。地缘政治风险和局部冲突的演变将不时对汇率形成额外冲击。

从整体看，2025年全球外汇市场汇率重定价频率加快，价格波动幅度加大。对美贸易依存度高的经济体会承担较大汇率风险。企业需高度重视汇率风险管理，采取有效的风险防范措施，降低汇率波动给企业经营带来的负面影响。

1.4 汇率波动影响

1.4.1 整体视角

汇率波动对一国经济的全局性影响主要体现在贸易结构、跨境资本流动和内需稳定三个层面：一是贸易结构，汇率双向波动通过改变进出口商品相对价格，诱发企业订单波动和财务成果不确定，倒逼产业链链主加速结构调整与风险对冲。二是跨境资本流动，汇率波动预期分化或将加剧跨境资本流动的短期投机性，在导致金融市场异常波动的同时，汇率风险溢价上升会抑制企业长期跨境投融资意愿。三是内需稳定，本币贬值可能通过输入性通胀推高进口商品价格，挤压

居民实际购买力，同时汇率高波动性会削弱市场信心，间接抑制消费动能，导致有效内需不足。上述三者叠加将加大经济内外均衡压力，需宏观政策出台与微观主体风控能力提升协同发力，实现动态平衡。

1.4.2 企业视角

汇率的频繁波动会引起经济风险、交易风险和折算风险等，上述风险对外向型企业影响最大，在汇率大幅波动的年度，可能导致账面利润亏损。中国出口企业中，外贸企业约占一半，外贸企业对汇率风险的敏感度最高也最强烈。随着中国企业“走出去”步伐加快，企业除出口产品外，还通过对外直接投资、设立海外分支机构和开展国际合作，在海外建立生产基地、研发中心、销售网络等，实现资源优化配置和市场拓展。针对不同类型“走出去”业务特征和面临的潜在风险，企业需根据自身情况，制定差异化风险管理策略与目标，并采取针对性风险管控措施。

（1）对于进出口贸易企业，汇率波动将直接影响合同价格和财务成果。如本币贬值，出口导向型企业的产品价格在国际市场更具竞争力，同时以外币结算的销售收入折算为本币后或有增值；但对于进口型企业，本币贬值将推高原材料或设备的采购成本，挤压利润空间。此类企业需关注短期交易风险。

（2）对于境外投资企业，汇率波动会导致企业面临较大风险。如本币升值，一是会导致境外资产折合本币价值下降，直接影响合并财报结果；二是投资标的所在国货币贬值理论上会增强子公司产品或服务的出口竞争力，但这种竞争力的提升能否转化为投资收益的增加，取决于子公司的成本结构、汇率波动的持续性、市场需求弹性以及其他外部因素，具有不确定性。此类企业需关注长期经济风险和折算风险，妥善管理外汇敞口。

（3）对于对外承包工程企业，因此类项目周期长且合同多以美元等硬通货计价，企业或将面临币种、期限双重错配风险。若项目成本以本币支付而收入为外币，如本币升值，会导致收入缩水，叠加汇率波动可能侵蚀项目预期收益。此类企业需关注长期经济风险和折算风险，妥善管理外汇敞口。

（4）对于外币融资企业，该类企业汇率敏感性集中于债务端，若企业营收以本币为主，债务以外币为主，如本币贬值，将大幅增加实际偿债成本，继而或将引发流动性危机。此类企业需关注长期经济风险和短期交易风险，切实做好债务成本控制。

综上所述，汇率波动对企业的影响是复杂且多面的，企业需从战略、经营、风险、财务等多个层面积极应对，即通过调整经营策略、提升风险管理意识、合理运用金融工具、优化财务管理等，有效降低汇率波动带来的风险，提升其全球市场竞争力。

1.4.3 银行视角

汇率波动加剧给商业银行带来的潜在风险是多方面的，既包括直接的财务风险，也涉及间接的经营风险和系统性风险。一是从银行自身看，汇率波动会直接影响商业银行持有的外币资产或

外币负债的价值。当本币升值时，银行外币资产价值会下降，可能导致资产减值损失，进而影响银行的盈利能力和资本充足率；汇率波动会增加银行外汇交易的不确定性，导致交易成本上升。如银行在进行外汇买卖、结售汇等业务时，汇率的快速变化可能使银行难以准确预测交易收益；汇率波动可能引发资本流动的不稳定，如当本币贬值预期增强时，国际资本流出，导致银行外汇资金来源减少，流动性压力增大，可能使银行面临无法及时满足客户外汇需求的风险；汇率波动加剧还可能通过多种渠道对银行体系稳定性产生冲击，如汇率波动可能导致企业经营困难，进而影响银行信贷资产质量；汇率波动还可能通过金融市场传导，影响银行的股票价格和市场信心等。二是从企业角度看，汇率波动可能对企业经营状况产生重大影响，尤其是对外贸依存度较高的企业，当本币升值时，出口企业可能面临利润下滑甚至亏损的风险，从而增加其违约概率，直接影响商业银行的信贷资产质量，银行信用风险上升。同时，企业避险需求的激增，促使银行创新避险产品服务，以满足企业针对不同风险类型的主动管理需要。商业银行可以此为契机，拓展客户范围，创新业务模式，丰富服务手段，大力发展代客业务，提高中收贡献。为此，银行需加大代客业务场景建设，打造“产品+科技+生态”三位一体商业模式，构建企业避险综合服务方案，提升市场竞争力和可持续发展力。

2 企业汇率风险管理

本章节以“汇率风险中性”为核心理念，系统阐释企业汇率风险来源及影响，并结合境内外企业案例，总结当前汇率风险管理现状及先进经验。基于以上分析，我们将给出企业汇率风险管理体系、程序及工具，帮助企业从被动防御转向主动管理，最终实现风险可控下的收益最大化。

2.1 汇率风险中性

为确保市场主体能够合理应对汇率风险，避免单边预期积累，监管机构近年来多措并举，持续引导企业树立汇率风险中性意识，并通过推动金融机构不断优化对企业服务，协助企业有效落实汇率风险管理。

2.1.1 汇率风险中性概念

汇率风险中性，是指企业把汇率波动纳入日常的财务决策，聚焦主业，尽可能降低汇率波动对主营业务以及企业财务的负面影响，实现提升经营可预测性以及管理投资风险等主营业务目标。

2.1.2 汇率风险中性相关政策

2020年1月13日，国务院国资委发布了《关于切实加强金融衍生业务管理有关事项的通知》（以下简称8号文），督促中央企业切实加强金融衍生业务管理，建立“严格管控、规范操作、风险可控”的金融衍生业务监管体系，规定开展金融衍生业务要严守套期保值原则，以降低实货风险敞口为目的，与实货的品种、规模、方向、期限相匹配，与企业资金实力、交易处理能力相适应，严禁开展与套期保值无关的交易（含投机、套利等非保值类交易）。货币类衍生业务的规模、期限等应当在资金需求合同范围内，原则上应与资金需求合同的品种、规模及期限相匹配，特殊情形需经集团审批。建立科学合理的激励约束机制，将金融衍生业务盈亏与实货盈亏进行综合评判，客观评估业务套保效果，禁止将绩效考核、薪酬激励与未经风险调整的衍生品单边损益直接挂钩，防止片面强调金融衍生业务单边盈利导致投机行为。

2020年12月11日，中国人民银行、国家外汇管理局提出金融机构应树立风险中性理念，更好地服务经济社会发展。

2020年12月25日，中国人民银行货币政策委员会召开2020年第四季度例会，强调深化利率汇率市场化改革，健全市场化利率形成和传导机制，引导企业和金融机构坚持风险中性理念，稳定市场预期，保持人民币汇率在合理均衡水平上的基本稳定。

2021年4月12日，国务院国资委发布的《关于进一步加强金融衍生业务管理有关事项的通知》规定，金融衍生业务年度计划应当与操作主体财务承受能力、年度经营计划相匹配。年度计划的审批内容应当包括年度现货经营规模、年度保值规模、套期保值策略、资金占用规模、时点最大净持仓规模、止损限额或亏损预警线等。

2021年5月27日，全国外汇市场自律机制第七次工作会议在北京召开，会议指出，企业和金融机构都应积极适应汇率双向波动的状态，企业要聚焦主业，树立风险中性理念，避免偏离风险中性的炒汇行为，不要赌人民币汇率升值或贬值，久赌必输。

2021年6月10日，中国人民银行副行长、国家外汇管理局局长（时任）潘功胜在第十三届陆家嘴论坛上表示："市场主体应适应汇率双向波动的常态，树立汇率风险中性理念。"

国家外汇管理局分别于2022年和2024年发布了两版《企业汇率风险管理指引》，指出，近些年随着企业国际化程度不断提升，涉外业务种类日益增多，汇率避险场景和风险管理需求急剧增加，随机性、阶段性、单一化、简单化的粗放式汇率风险管理模式已无法帮助企业有效应对汇率风险，计划性、周期性、定量化、精细化的汇率避险机制才能为企业跨国经营保驾护航。

一是汇率风险管理必须坚持汇率风险中性原则。

二是落实汇率风险中性必须建章立制。对于业务品种多、组织架构复杂的企业，必须有严格的制度和完善的流程，形成可落实、可评估、可考核的运行体系，才能达到有效控制汇率风险的管理目标。

三是汇率风险中性必须落实到业务全流程。从业务发生到结束，无论是管理策略还是微观操作层面，每个环节都应将汇率风险中性理念融入其中，最终形成行之有效的管理体系，从而实现规避汇率风险、聚焦主业的目的。

2.1.3 汇率风险中性管理价值

从企业层面，汇率风险中性管理可助力进出口主体聚焦主业发展，实现主营业务目标，提升财务稳健性。持有风险非中性观念的企业，在日常经营过程中往往忽视汇率风险，对衍生工具存在误解，或敬而远之或希望从中盈利，更易产生额外损失，对企业长期经营造成不可挽回的负面影响。

从银行层面，银行须按照实需背景与展业原则，审核与衍生产品交易直接相关的基础资产或负债的真实性，确保企业进行衍生产品交易的目的为套期保值而非投机。一旦企业在外汇市场进行投机或套利操作，银行将难以控制企业违约风险。风险的叠加传导，最终会转化为银行的信用风险。因此，商业银行应帮助企业树立风险中性理念，促进外汇市场高效发展。

从市场层面，汇率风险中性理念可引导更多进出口企业进入外汇市场，拓宽外汇市场广度与深度，且有助于防范系统性风险，提升外汇市场发展质效。

2.2 企业汇率风险来源及影响

企业汇率风险主要源于跨境经营中的货币错配，具体表现为交易风险、会计风险和经济风险。这些风险通过多重渠道对企业在战略方面、经营方面及财务方面产生深远影响，凸显汇率风险管理必要性。

2.2.1 交易风险

交易风险是指企业以外币计价的合约价值，可能会因汇率变化而产生变动。这种风险主要发生在企业进行进出口贸易、外币借贷或签订未交割的外汇合约时。如出口企业销售合同约定以美元结算，若美元兑人民币汇率下跌，则影响企业销售收入和利润。又如企业从国外进口原材料并以外币支付，外币升值将增加企业采购成本，导致企业利润降低。交易风险的特点是具有明确的时间点和金额，因此相对容易识别和量化。企业通常可以通过使用金融衍生工具，如远期合约、期权和期货，来对冲这种风险。

2.2.2 会计风险

会计风险，也称为换算风险，是指企业在合并财务报表时，由于汇率波动导致外币资产和负债折算成本币后价值发生变化的风险。这种风险主要影响跨国企业的财务报表，特别是拥有境外子公司的企业。如企业在欧洲子公司的资产和负债以欧元计价，在合并财务报表时，需将其折算

成人民币。若欧元贬值，则子公司在合并报表中的价值将减少，从而影响整个集团的财务状况。会计风险并不直接影响企业的现金流，但会影响企业的财务比率和投资者对企业的评价。因此，企业需要关注折算风险对财务报表的影响，并采取适当的会计政策来管理这种风险。

2.2.3 经济风险

经济风险，也称为经营风险，是指汇率波动对企业的产品竞争力、盈利能力、偿债能力、跨境并购战略决策等造成的中长期影响。这种风险涉及企业的整体经营环境，包括市场需求、竞争状况和成本结构等。如由于人民币升值，中国出口企业的产品在国际市场上价格上升，竞争力下滑，造成企业经营能力下降。经济风险的特点是影响广泛且难以量化，因为它涉及企业的长期战略和市场竞争地位。企业通常需要通过调整产品定价、市场策略和供应链管理来应对经济风险。此外，企业还可以通过多元化市场和产品线来分散经济风险。

2.3 企业汇率风险管理现状

本章节以境内外典型企业案例为切入点，系统性剖析企业汇率风险管理现状，分析各企业在汇率风险方面的管理差异，总结当前企业汇率风险管理的共性趋势与核心挑战，为全球化企业提供从理念到工具的全维度参考框架。

2.3.1 境内企业

本节以3家境内企业为例，从主营业务、汇率风险、管理架构、管理策略等方面进行分析，总结境内企业汇率风险管理现状及先进经验（如表2.1所示）。

表2.1　境内企业汇率风险管理分析

	某大型企业股份有限公司	某国有集团公司下属子公司	某大型机电制造公司
主营业务	主营化工、金属及食品类大宗商品进出口贸易。公司进口业务占比约80%，年进口额超1 000亿元人民币。公司进口来源较多，既涉及欧美国家，也涉及“一带一路”新兴市场国家。	主营大宗商品国际贸易，年进出口总额约30亿美元。已搭建全球供应链，在北美、东南亚、中东等地区设立境外子公司，面向南美、中东、南亚、东南亚、澳洲、欧洲等30多个国家和地区开展进出口业务。	主营业务为机电产品制造，具有自主品牌和贴牌产品，国外销售额占比较大。企业拥有多个事业部，独立经营、自负盈亏。
汇率风险	公司进口大宗商品一般采用美元计价，且通过期货市场锁定美元成本价格，而国内销售又采用人民币计价，因此购销环节会产生币种错配，其利润受汇率影响较大。	通过汇率风险管理，实现供应链的安全稳定，减少企业利润的不确定性。	出口主要收入美元，每年营收8亿美元。生产成本比较固定，毛利率稳定，现金回款稳定。
管理架构	决策机构：外汇领导小组。由集团分管财务的副总经理牵头，成员包括公司财务部、资金部、审计部、董办、风险部等部门领导。 执行机构：外汇小组。公司资金部下设团队，成员4人均具有多年外汇交易经验，熟悉各类外汇市场套保工具。	“系统性策略”和“机动性策略”相结合，搭建分层式汇率风险管理架构。 决策机构：公司总经理办公会是决策机构，负责制定“系统性策略”。主要职责为审议和批准外汇交易相关制度、年度套保方案、应急处置方案和其他重要事项。 执行机构：资金管理部是外汇交易业务的主管部门和具体执行部门，负责执行“机动性策略”。主要职责包括制定公司年度外汇套保业务方案;统筹监控公司汇率风险敞口总量与汇率风险套期保值比例;向公司汇报外汇交易业务的开展情况;向业务单位提供外汇市场信息等。 子公司的汇率风险管理由公司统一开展。资金管理部下设的外汇交易小组对交易方案决策时，半数以上小组成员同意的方案方可通过。	采取集中管理模式。 决策机构：制定集团总体风险限额，然后分解为各事业部的风险限额。 执行机构：财务公司是汇率风险管理的执行者，统筹各事业部的外币头寸管理，对事业部设定套期保值比例限制，受事业部委托与银行做交易，跟踪市场走势，给予交易建议，监督完成情况，进行事后评价。 发起机构：事业部是汇率风险管理的发起者，根据订单信息及时测算汇率风险敞口，自主决定保值时机。
管理策略	全额套保策略：对于大宗商品进口贸易中成本及销售价格已完全确定的购销业务，公司制度要求采用全额套保策略，即逐笔按进口金额进行汇率套期保值； 滚动锁定策略：对于部分成本导向型的业务，公司要求业务部门需根据船期合理估计付汇时点，根据不同船期分配不同的套保比例，船期越近的套保比例越高，但整体套保比例不得低于70%； 无须套保策略：对于少数特殊业务，子公司认为实质不承担汇率风险的情况，可以不进行外汇套保，但需外汇领导小组审批同意。	企业通过全球联动建设助力企业汇率风险管理，全额套保策略依托其全球供应链业务平台及供应链融资平台，搭载供应链金融上的银行和上下游企业，通过全流程管理加强资金的集约、高效、安全管理。 在汇率风险管理方面，该公司通过与银行同步市场汇率数据并对汇率趋势进行监测，及时分析生成外汇衍生品交易策略建议。	—

境内出海企业汇率风险管理有如下先进经验。

（1）汇率风险管理部门专业化

境内企业逐渐认识到汇率风险管理的重要性，并在治理架构上进行了专业化调整。许多企业设立了独立的汇率风险管理部门，配备专业的风险管理人才，建立“决策—执行”的多层级管理架构。将汇率风险纳入战略决策，体现了从“被动应对”到“主动管理”的转变。

（2）风险中性理念深化

越来越多的境内出海企业开始深化风险中性理念，将汇率风险管理视为企业整体风险管理的一部分。企业不再单纯追求汇率波动带来的收益，而是通过合理的对冲策略，锁定汇率风险，确保财务稳定性和市场竞争力。这种理念的转变促使企业更加注重风险评估和对冲策略的制定，而不是简单地依赖市场预测。

（3）汇率风险管理流程规范化

境内企业的汇率风险管理流程逐渐规范化，涵盖了风险识别、评估、策略制定、对冲实施、监控调整及效果优化等环节。企业通过定期的风险评估，使用量化工具和压力测试来衡量汇率风险暴露的程度，并根据评估结果制定相应的对冲策略。同时，企业还通过实时监控和定期报告，确保管理层能够及时了解汇率风险状况，并根据市场变化调整策略。

（4）汇率风险管理策略多样化

境内企业在汇率风险管理策略上呈现出多样化的特点。除了广泛采用自然对冲策略，即通过匹配收入和成本货币，减少汇率风险暴露，企业还通过多元化经营、分散市场和产品、调整供应链布局等，降低对单一货币的依赖。此外，越来越多的企业开始运用外汇衍生工具进行套期保值，在衍生产品选择上也呈现多样化特点，除外汇远期、掉期外，还尝试使用期权组合（如领式期权等）来管理汇率风险。

（5）汇率风险管理工具数智化

随着金融科技的发展，境内出海企业开始采用线上数字管理工具。如建立全球联动的供应链业务及融资平台，搭载供应链上下游企业和金融机构，通过全流程线上化加强资金集中高效管理，帮助企业做出更精准的对冲决策。

2.3.2 境外企业

本节以3家境外企业为例，从主营业务、汇率风险、管理架构、管理策略等方面进行分析，总结境外企业汇率风险管理现状及先进经验（如表2.2所示）。

表2.2 境外企业汇率风险管理分析

	美国某大型跨国科技公司	英国国际非营利组织	德国啤酒公司
主营业务	主要在欧洲、亚洲和北美洲开展业务，主要为软件开发、硬件销售和云服务，收入以欧元、日元和美元为主。	国际非营利组织，主要接收多种货币的捐赠，并将其兑换为英镑。	啤酒出口至美国。

续表

	美国某大型跨国科技公司	英国国际非营利组织	德国啤酒公司
汇率风险	欧元和日元兑美元的贬值风险，可能导致收入减少。	捐赠货币贬值风险，可能导致捐赠价值减少。	欧元兑美元汇率波动导致出口收入变化。
管理架构	公司设立了专门的风险管理团队，直接向高级管理层汇报，负责监控和评估汇率风险，并制定相应的对冲策略。	组织内部设有财务部门，负责管理货币兑换和汇率风险。	公司内部设有风险管理团队，负责评估和管理汇率风险。
管理策略	采用外汇远期合约锁定未来汇率，减少汇率波动的不确定性；同时，利用外汇期权保留从有利汇率波动中获益的灵活性。	采用自然对冲策略，鼓励捐赠者以英镑捐款，并通过外汇掉期和交叉货币掉期管理其他货币，减少货币兑换需求和汇率波动风险。	通过长期战略调整（如重新谈判定价合同、降低成本或调整生产地等）应对长期汇率风险。

当前，海外企业在汇率风险管理方面呈现出多元化和系统化的特点，总结如下。

（1）风险意识与管理理念

海外企业普遍意识到汇率波动对财务状况和经营绩效的影响，尤其是在全球经济不确定性增加的背景下，汇率风险管理成为企业战略的重要组成部分。许多企业已经从被动应对汇率风险转向主动管理，减少汇率波动对核心业务的影响。

（2）管理架构与制度建设

大型企业通常设有专门的风险管理团队，负责识别、评估和应对汇率风险。这些团队通过建立完善的风险管理制度和流程，确保风险管理的科学性和有效性。

（3）科技赋能与精准服务

部分领先企业可通过信息化手段（如司库体系）实现汇率风险的动态监测，明确敞口识别和认定规则，动态跟踪风险敞口的变化。

（4）风险管理工具与策略

除了通过自然对冲策略（如调整交易货币、优化结算周期等），海外企业还广泛使用外汇衍生工具（如远期合约、外汇期权、货币互换等）来对冲汇率风险。这些工具的选择通常基于企业的风险偏好、风险管理能力和市场环境。

2.4 企业汇率风险管理体系

本节聚焦企业汇率风险管理体系的全链条构建，以“风险中性”为核心理念，覆盖企业汇率风险管理目标与策略、治理架构、政策制度、管理流程、方法工具、团队建设、内控合规、绩效考核及信息系统等核心维度。

2.4.1 治理架构

为贯彻落实国资委8号文要求，规范金融衍生业务操作，强化集团管控能力，现结合企业实践，将汇率风险管理组织架构归纳为以下三类主要模式。

2.4.1.1 集中统管模式

（1）组织架构层级

决策层：集团董事会及风险管理委员会。负责核准业务资质、审批年度业务计划及止损限额，明确交易品种、工具及操作主体，确保资产负债率超限或连续亏损企业不得开展业务。

管理层：集团归口管理部门（财务部、风险部、法律部、审计部）。财务部门监测资金合规性，风险部门垂直监控并独立报告，法律部门评估合同风险，审计部门定期审查并追责。

执行层：集团统一操作平台（财务公司或交易中心）。集中执行全集团衍生品交易，严格分离前、中、后台岗位，确保套保策略与现货规模、方向匹配。

业务单元：子公司/事业部（套期保值需求方）。负责识别外汇敞口、提出套保申请，不得直接操作交易。

（2）优缺点

优点：完全符合国资委“专业化集中管理”要求，风险控制力强；统一议价降低套保成本，杜绝重复投资；垂直监控与独立审计可有效防范违规操作。

缺点：灵活性不足，对多元化业务需求适应性有所欠缺；决策链条较长，市场响应时效性受限。

（3）适用场景

该模式适用于主营业务集中的大型央企（如能源、大宗商品贸易集团），以及国资委明确要求“同类业务由统一平台操作”的中央企业。

2.4.1.2 分层授权模式

（1）组织架构层级

决策层：集团董事会及外汇管理委员会。按业务板块（如贸易、制造、融资）分类核准资质，设定分板块风险限额与套保比例。

管理层：板块协同管理组（财务公司+板块归口部门）。制定板块内统一策略，动态调整子企业交易权限，定期评估资质有效性。

执行层：板块内统一操作平台（如财务公司、资金部）。分板块集中执行交易，前、中、后台严格分离，确保合规操作。

业务单元：板块下属子公司/事业部。负责测算敞口、提交申请，无自主交易权限。

（2）优缺点

优点：兼顾合规性与灵活性，满足多元化业务管理需求；分板块集中操作，降低管理复杂性；动态授权机制提升市场响应效率。

缺点：需建立多套监控体系，管理成本较高；板块之间协同不足可能影响自然对冲效果。

（3）适用场景

该模式适用于业务多元化的跨国集团（如同时涉足贸易、工程、制造的央企）；需差异化管控境内外资金池的场景。

2.4.1.3 分散管理模式

（1）组织架构层级

决策层：子公司自行决策。自主制定套保策略，无集团统一审批与监控。

执行层：子公司交易团队。前、中、后台未有效分离，存在兼岗操作风险。

业务单元：子公司业务部门。自主测算敞口并执行交易，易偏离套保原则。

（2）缺点

该模式不符合国资委“专业化集中管理”要求，存在超品种、超规模交易风险；信息不透明，难以及时识别投机行为；重复建设系统与团队，提高管理成本。

建议此类模式需向“集中统管”或“分层授权”模式转型，集团须落实资质重审、业务清理及问责机制。

以上三种主要模式的对比如表2.3所示。

表2.3 三种主要模式对比

维度	集中统管模式	分层授权模式	分散管理模式
合规性	完全合规	有条件合规	有违规风险
决策效率	较低	较高	高
风险控制	强	较强	弱
适用性	单一主业集团	多元化业务集团	建议转型

2.4.2 政策制度

根据国资委监管要求及管理实践，完善的汇率风险管理制度体系应涵盖以下核心内容要点。

2.4.2.1 管理原则与组织职责

风险中性原则：明确套期保值目标，禁止投机交易，严格限定衍生品工具与现货的品种、规模、方向及期限匹配要求。

组织架构与权责划分：界定决策层（董事会/委员会）、管理层（财务/风险部门）、执行层（操作平台）、业务单元（子公司/事业部）的职责边界；规定前、中、后台分离机制，并建立分级授权机制。

2.4.2.2 风险管理全流程规范

套期保值策略要求：规定对冲比例上限（如外汇衍生品规模不超过基础资产负债汇率风险敞口的100%）；限定交易工具范围（仅允许流动性强的简单衍生品）等。

风险管理闭环：明确外汇敞口识别程序，制定敞口测算规则，设置风险监测指标，制定风险缓释措施，设定风险报告要求等。

风险控制与应急机制：设定止损限额及预警阈值；制定重大风险处置流程（如强制平仓、法律应对）；明确超限事件报告路径与时限（如24小时内逐级上报）。

2.4.2.3 业务操作与合规要求

交易执行规范：标准化操作流程（询价、审批、成交确认、记账）；场外交易管理要求（对手方信用评估、合同法律审查）；禁止性条款（如不得以个人账户操作、不得越权交易）等。

资金与账户管理：保证金专户管理要求；资金划拨审批规则；流动性压力测试要求等。

信息管理与报告要求：日常监控报告（风险部门每日敞口分析）；定期风险报告（报送高级管理层）；重大事项披露（如重大亏损即时报告）等。

2.4.2.4 监督保障机制

审计与问责：内部审计覆盖范围（每年全覆盖检查）；违规行为界定标准（如超品种、超期限、越权操作）；责任追究规则等。

绩效考核：套保效果评估要求；禁止简单激励条款（禁止将绩效考核、薪酬激励与未经风险调整的衍生品单边损益直接挂钩）等。

系统与数据管控：系统功能要求；数据留存期限要求；系统权限隔离管理要求等。

制度体系需以“风险可控、操作合规、效率兼顾”为目标，紧密围绕监管机构提出的“专业化、集中化、穿透式”政策导向，覆盖从风险识别到监督问责的全链条，同时匹配企业组织架构与业务特征。

2.4.3 团队建设

企业汇率风险管理的团队建设需围绕“专业能力、协同效率与应变韧性”展开，构建跨部门、多技能的复合型人才体系。

2.4.3.1 培养汇率风险管理文化

企业应在内部树立财务中性、风险中性的汇率风险管理意识，主动正视并研究汇率风险。加强对管理层及相关部门人员（包括监控、审计等）的培训，提升各业务部门对汇率风险管理的认知，为管理汇率风险打好基础。

2.4.3.2 设置专人负责汇率风险管理

企业应设立汇率风险管理岗位，培养或引进相关领域人才，做好监测外币敞口、运用避险工具、研究市场等工作。必要时，可组建汇率风险管理团队，打造一支专业化队伍，为管理汇率风险提供人才保障。

2.4.3.3 提升主要业务理解能力

汇率风险管理不能超脱公司业务，相关人员必须对主要业务足够了解，包括公司的贸易模式、资金流向、结算方式、竞争策略、定价策略、投融资策略等，这样才能有针对性地制定合适的管理策略。

2.4.3.4 强化汇率风险管理能力

深刻认知和把握各种汇率风险管理工具及组合，不断提升外汇交易能力、风险识别与把控能力，以及对汇率、利率等金融产品综合运用的能力。探索“联学共建”，邀请专业的机构，开展汇率风险管理能力培训，学习相关产品的避险原理和操作方法。

2.4.3.5 提高财务核算分析能力

为真正实现“减少汇率波动对财务报表影响”的管理目标，企业需要建立一套科学合理的会计核算规则，财务人员应掌握分析外汇业务对公司报表的实际影响与预期偏差，学会运用套期保值会计。

2.4.4 内控合规

企业汇率风险管理的内控合规应以“制度约束、流程规范、技术监控”为核心，构建覆盖全链条的刚性防线。制度层面，明确禁止投机性交易，严格限定衍生品使用范围，并制定分级授权机制；流程层面，建立“经营分析、敞口识别、计量分析、避险决策、交易执行、风险监控、效果评估”的闭环管理，并嵌入风险监控点确保合规要求落地；审核监督层面，企业内审部门应定期审核套期保值业务情况，及时发现存在的问题和漏洞，并督促优化和改进。此外，对于国有企业，还需额外强化国资委合规审查与境外资产安全评估等，确保不逾越合规底线。

2.4.5 绩效考核

企业汇率风险管理的绩效考核是确保风险管理策略有效落地的关键机制，科学的考核评价标准应遵循“合规优先”原则：一是重点考核相关人员是否严格按照规定的制度、流程和套期保值策略操作，如套保比例符合策略要求的区间上下限，不可超额套保等；二是在满足第一条要求前提下进行综合评价考核。

在计算绩效时，应遵循期现结合的原则，将汇率风险敞口损益与衍生产品损益加总，作为套保综合损益。同时，根据“合规优先”原则，如未满足合规要求，套保综合损益即使为盈利，也不计入考核利润；如满足合规要求，则可将套保综合损益以合理比例计入考核利润。此外，考核需兼顾短期目标（如月/季度敞口覆盖率）与长期能力（如系统建设），构建综合评价体系。

2.4.6 信息系统

企业汇率风险管理的信息系统应以“数据整合、智能决策、闭环管控”为核心，打造覆盖全场景的数字化中枢。针对国有企业，应按照《关于进一步加强金融衍生业务管理有关事项的通知》有关规定加快信息系统建设：“各中央企业集团应当建立金融衍生业务风险管理信息系统，对集团范围内所有业务进行每日监控，建立健全风险指标体系，实现在线监测和预警。”

除需满足合规要求外，从自身管理角度出发，企业也有必要建立套期保值管理系统。一是由于衍生品公允价值和风险敞口一直随市场情况而变动，仅靠人工管理很难及时跟踪并发现问题，企业需配备具有衍生品估值和风险计量能力的信息系统才能真正实现有效的业务风险监控。二是可通过信息系统实现现货和衍生品一体化管理，精准预测汇率风险敞口，提高套期决策准确性。三是可通过系统开展压力测试，模拟极端汇率波动对现金流及利润的冲击，实现前瞻性风险管理，并辅助制订套期策略方案。四是若企业采用套期会计方法，还需定期对套期关系进行有效性评估和套期会计入账处理，鉴于套期相关规则复杂，人工处理操作风险高、难度大，可通过信息系统自动化进行有效性评估和账务处理，提升质效。

2.5 企业汇率风险管理程序

有效的企业汇率风险管理程序通常涵盖以下环节：经营分析、敞口识别、汇率预测、风险计量、情景分析、压力测试、避险决策、交易执行、账务处理、财务报告以及审核监督。这些环节相互衔接、协同运作，共同构建起企业汇率风险管理的完整框架，确保企业能够有效应对汇率波动带来的风险挑战。

2.5.1 经营分析

通过对企业财务视角、资本视角、业务视角等多方位经营分析，定位企业开展的各类业务存在的汇率风险因素，更全面地理解汇率风险的来源、可能的影响以及需要优先处理的风险领域，为制定防范措施和管理决策提供依据。

2.5.2 敞口识别

实践中，依据企业业务特点、管理目标的不同，通常将汇率风险敞口认定逻辑划分为以下三类。

2.5.2.1 基于确认敞口

根据商业合同来认定相关的外币现金流以及受汇率波动影响的风险敞口，广泛存在于进出口贸易、外币融资、海外重大项目等各类涉外交易。基于确认敞口管理汇率风险适合绝大多数涉外企业，其目标侧重于整体现金流风险，业务背景金额和期限明确，可逐笔业务保值并精确匹配现金流的期限，但对业务部门和财务部门的协同有一定要求且存在一定滞后性，若不使用套期保值会计，套期保值交易可能与会计账面存在较大差异。

2.5.2.2 基于预测敞口

指对尚未获得商务合同但未来极有可能发生的交易，企业依据生产经营计划预期未来的外汇收支，认定受汇率波动影响的风险敞口。基于预测敞口管理汇率风险需结合企业财务预算，对企业内部管理能力要求较高，时间维度倾向于长期，侧重于宏观管理层面保值。

2.5.2.3 基于会计敞口

从会计报表角度，以资产负债的短期变动影响作为汇率风险敞口的认定依据，通常以货币性资产和货币性负债的差额为汇率风险敞口。很多业务因结算方式不同不能在资产负债表中体现，故会计敞口一般滞后于实际业务和真实风险的发生，基于会计敞口管理汇率风险往往是次优选择（如表2.4所示）。

表2.4　敞口对比分析

认定维度	内涵定义	管理取向
确认敞口	从商业合同角度，分析产生的外币现金流，认定受汇率波动影响的风险敞口	营业收入与成本
预测敞口	从企业年度生产经营计划出发。从未来（预发生）的外汇收支角度，认定受汇率波动影响的风险敞口	预期和持续盈利能力
会计敞口	在资产负债表的货币性项目中，认定受汇率波动影响的风险敞口	财务报表的汇兑损益

2.5.3 汇率预测

汇率预测决定着企业汇率风险管理的意向、规模及金融衍生产品的选择等多个方面。一方面，企业需要收集有效的汇评信息，综合政策干预、经济基本面、市场情绪与预期等信息进行初步判断；另一方面，企业可参考银行等机构的专家团队的研判，提高对未来汇率走势判断的专业性。企业在了解汇率波动风险的同时，须做好预警与应对准备。分析维度包括以下几个方面。一是宏观经济分析。包括全球经济形势、各国货币政策、利率变动、通货膨胀、政治风险等因素对汇率波动的影响。二是政策面分析。分析央行的货币政策和外汇管理政策，特别是对人民币等货币的汇率政策。三是技术分析。基于历史汇率数据，通过图表、指标分析汇率的趋势和波动模式。

2.5.4 风险计量

在汇率风险敞口计量的基础上，企业可计量希腊字母等敏感性指标、汇率风险价值（VaR）及预期损失（ES）等风险指标，了解潜在损失的大小及其发生的概率，利用分析结果辅助企业外汇资金管理决策。

此外，企业也应关注以外币计价的大宗商品价格风险，企业采购原材料或销售产成品若受大宗商品价格波动影响，也会导致汇率风险敞口随之波动，因此需关注风险因子之间的交叉影响。

2.5.5 情景分析

情景分析是一种多因素分析方法，结合设定的各种可能情景的发生概率，研究多种因素同时作用时可能产生的影响。根据发展趋势的多样性，通过对系统内外相关问题的系统分析，设计出多种可能的未来前景。如可模拟不同汇率变动情景下（如本币升值或贬值10%）对企业收入、成本和利润的影响，帮助企业识别可能带来的风险，以便预先准备应对策略。

2.5.6 压力测试

压力测试是估算极端不利情况下企业面临的潜在损失。可选取历史上汇率极端波动期间数据作为压力情景，如2018年美国对华贸易打压、2020年新冠疫情、2022年美联储加息期间，美元兑人民币分别升值约10%、-8%和15%。基于极端情景下汇率变动幅度，评估企业是否能够承受压力损失对利润目标或资本金的侵蚀，从而辅助企业设置汇率敞口容忍值，并开展必要的避险操作。

2.5.7 避险决策

企业基于上述分析制定相应汇率风险管理策略。一是自然对冲策略。长期结构性风险，可通过自然对冲（如海外设厂实现本地化收支匹配），减少外币资产和负债的不匹配，降低汇率波动的影响。二是衍生品对冲策略。对于短期确定性敞口（如出口订单回款），可采用远期合约锁定汇率，确保现金流可预测性；针对不确定性风险（如海外并购谈判期敞口），可运用期权组合平衡保护成本与收益弹性。当制订套期保值方案时，企业应结合汇率基差和波动率数据，分析不同外汇对冲工具的交易成本（如外汇远期、外汇期权、期权组合等），选择合适的工具进行套期保值。套期保值管理流程详见本文第三部分。

2.6 企业汇率风险管理工具

为了应对汇率风险，企业通常采用多种金融工具或非金融工具进行对冲和管理，减少汇率波动对收入、成本、利润和现金流的影响。随着人民币汇率弹性增强、双向波动成为常态，越来越多的企业通过金融衍生产品方式管理汇率风险。

2.6.1 金融衍生工具

2.6.1.1 外汇远期

外汇远期是目前常用的外汇避险工具之一，尤其适用于需要规避汇率波动风险的企业和投资者。在外汇远期交易中，交易双方在达成合约后并不立即进行交割，而是通过约定汇率、币种、金额和交割时间等条件，约定一个未来的交割日期，届时才进行实际的货币交换。这种交易方式使得企业能够提前锁定未来的汇率，有效应对汇率波动对其跨境交易或国际投资带来的不确定性。企业可以根据自身的需求与银行协商合适的交易条件，从而获得更大的灵活性。如企业可以根据未来的外汇收入或支出需求，锁定汇率并规避汇率波动带来的财务风险。此外，外汇远期交易的灵活性还体现在合约的金额和到期日上，企业可以根据实际的跨境业务安排进行量身定制，因此在国际贸易、跨境投资和外币债务管理等场景中得到广泛应用。不过，由于外汇远期合约通常是非标准化的场外交易，交易时需要考虑信用风险和流动性风险。

2.6.1.2 外汇掉期

具体来说，银行的掉期产品或业务可分为外汇掉期（FX Swap）和外汇货币掉期（Currency Swap）两类，每种业务都有其独特的结构和适用场景。

外汇掉期是一种外汇衍生金融工具，通常由两方在不同时间点交换两种货币的本金。这种交

易方式通常包括两个部分：即期交易和远期交易。即期交易是在交易的初始阶段，以市场汇率交换两种货币，通常在两天内结算，而远期交易则是在未来某一约定的日期，以事先确定的汇率进行反向交换。这种交易方式不仅涉及本金交换，还可能由于不同货币的利率差异而产生利息支付差额，从而使交易双方在资金使用成本上产生一定的变化。通过外汇掉期，企业和投资者可以灵活地管理货币敞口，规避汇率波动带来的风险。

外汇货币掉期策略更侧重于套期保值，同时帮助企业规避汇率与利率的双重波动风险。企业可以根据自身的需求选择不同的交换结构，如在期初和期末均交换本金、仅交换一次本金或完全不交换本金。同时，在每次付息日，企业还可以选择交换利息支付。利率部分则更加灵活，企业可以选择固定利率或浮动利率，并根据实际情况选择挂钩的标的利率。如人民币利率可以选择Shibor、7天回购定盘利率、1年期定期存款利率或LPR等；美元利率通常与SOFR利率挂钩；欧元则通常与Euribor利率相关；港元则以Hibor利率为基准。通过这种灵活的结构设计，外汇货币掉期能够帮助企业在复杂的国际市场环境中有效对冲汇率与利率波动的双重风险，确保资金成本的可控性。

2.6.1.3 外汇期货

外汇期货（Foreign Exchange Futures）是标准化的金融合约，允许交易者在未来某一指定日期，以约定的汇率买卖外汇。通过交易所（如芝加哥商品交易所CME）进行交易，合约内容、到期日及交割方式都有严格规定，交易所提供担保以减少交易对手风险。外汇期货采用保证金制度，交易者只需支付一定比例的保证金，有杠杆效应。

外汇期货的主要特点包括标准化、公开交易、杠杆效应和高流动性。它为汇率风险管理提供了有效工具，尤其适用于企业和投资者锁定未来汇率、降低风险。期货市场透明、流动性强、交易成本较低，但由于杠杆效应，市场波动性大，交易者可能面临较高的风险。我国暂无外汇期货产品，人民币期货主要在离岸市场，如在香港和新加坡交易所进行交易。

2.6.1.4 外汇期权

外汇期权是一种金融衍生工具，为持有者提供在特定日期之前或到期日，以特定汇率买卖某种货币的权利，但非强制性义务。其主要构成包括：行使价格（预定汇率）、到期日（期权最后生效日）、期权费（购买费用），以及标的资产（涉及的货币对，如USD/CNY或EUR/USD）。根据交易意图，期权分为看涨期权（Call Options）和看跌期权（Put Options）。外汇期权的优势体现在灵活性和风险管理能力上。持有者可选择是否行使权利，从而规避市场不利情况下的损失。它作为对冲工具，能锁定未来汇率，降低财务不确定性。其风险仅限于期权费，收益却潜力无限。此外，期权通过较低的初始投入实现更高的资金效率，适合以少量资金撬动更大价值的交易。期权策略的灵活性还为投资者提供了在汇率波动中获利的机会，如跨式期权或牛市期权策略。外汇期权市场的高流动性，以及与其他金融工具的兼容性，使其成为增强投资组合多样性和优化风险管理的理想选择。

2.6.2 非金融衍生工具

2.6.2.1 多元化经营

通过多元化经营来减少汇率风险是外贸企业管理汇率风险的一种有效策略。多元化经营不仅可以在产品、市场和资金来源等方面分散风险，还能够减少单一市场或单一货币对企业经营的影响，从而降低汇率波动带来的不确定性。企业可以在多个层面（如产品、市场、资金来源等）分散汇率风险。产品和市场多元化可以减少对单一货币和市场的依赖，从而降低汇率波动的影响；供应链、结算货币和资金来源的多元化，则能帮助企业在面对汇率波动时更加灵活地调整运营策略，减少汇率风险对企业经营和财务的冲击。

2.6.2.2 建立内部对冲机制

建立内部对冲机制以减少汇率风险，是外贸企业有效管理汇率波动的一种重要方式。内部对冲主要通过调整企业的经营策略、资金管理和财务结构来实现对汇率波动的抵御，避免过度依赖外部金融工具。其核心在于通过企业的经营策略、资金管理、财务结构等方面的调整，减少对汇率波动的依赖，从而降低汇率风险的影响。主要包括匹配收入和支出的货币及多币种资金账户管理，具体如下。

匹配收入和支出的货币（自然对冲）：调整企业的收入和支出，使它们以相同或相关的货币进行结算，从而减少汇率波动带来的影响。自然对冲通常不需要额外的成本（如外汇期权费用），其以优化业务结构的方式实施，而且灵活性较高，企业能够通过调整经营策略来实现对冲。但是自然对冲需要对外汇流入和流出有较为精确的预见和控制，因此对企业来说，可能难以完全匹配收入和支出。

多币种资金账户管理：企业可以设立多币种账户来管理不同货币的收入和支出，通过账户管理减少汇率转换的次数，从而减少汇率波动的影响。多币种账户可提高资金管理的灵活性和效率，增强企业对汇率波动的应变能力。但多币种账户需要企业具备较强的资金管理能力，确保不同币种账户的资金平衡，还可能产生银行账户的手续费和管理成本。

2.6.3 避险工具比较与使用现状

我国的外汇市场的套期保值主要分为在岸人民币套期保值和离岸人民币套期保值，二者的汇率体系和操作方式具有一定差异。在岸人民币（CNY）主要受到中国人民银行的监管，每日设定人民币兑外币的中间价，允许在一定范围内波动，因此波动幅度相对较小。而离岸人民币市场主要指中国大陆以外的人民币市场，通常指香港、伦敦和新加坡等国际金融中心的人民币交易市场。在岸人民币衍生工具的特点、优势及使用场景如表2.5所示。

表2.5 外汇远期、外汇掉期、外汇期权比较分析

产品类型	外汇远期	外汇掉期	外汇期权
特点	与银行等金融机构签订合约，约定未来某一日期按约定汇率进行外汇交割，适合锁定汇率风险。	同时进行即期和远期交易：先完成一笔即期交易，再反向执行远期交易，用于调整短期外汇头寸以应对汇率波动。	赋予买方在未来特定日期按约定汇率买卖外汇的权利（非义务），为对冲风险提供更大灵活性。
优缺点	无手续费，基于人民币与外币利差计算远期点；合约条款可协商，但灵活性低于期权。	灵活管理外汇头寸，调整即期与远期的资金需求，降低短期流动性风险。	避免锁定汇率的刚性约束，允许在汇率有利时放弃行权，捕捉市场波动收益。
使用场景	企业预计未来有外汇收支，需锁定汇率以避免波动损失（如进出口贸易结算）。	短期外汇流动性管理（如企业资金调度、头寸平衡），或应对货币头寸短期错配。	未来汇率不确定时，企业希望在对冲风险的同时保留市场有利波动的获利机会。

综合来说，在岸人民币（CNY）套期保值适用于中国境内的企业和个人，汇率波动小，适合需要稳定、低波动性的套期保值工具，如远期、掉期和期权。离岸人民币（CNH）套期保值适用于跨境企业和国际投资者，汇率波动性较大，工具丰富，如NDF、离岸远期和期权等，适合灵活运用市场条件进行保值。二者的主要区别在于交易环境和流动性，企业应根据自身的汇率风险暴露、交易地点以及对人民币市场的依赖程度，选择合适的市场和工具进行外汇套期保值（如表2.6所示）。

表2.6 在岸人民币与离岸人民币比较分析

	在岸人民币（CNY）	离岸人民币（CNH）
汇率机制	受每日中间价限制，波动幅度较小	汇率自由浮动，受供需影响大
资金流动性	流动性较高	流动性强，境外资本流动相对自由
主要工具	银行外汇远期、掉期、期权等	NDF、远期、掉期、期权、外汇期货等
适用对象	境内企业、跨境企业	跨境企业、国际投资者
交易成本	费用较低，但选择工具有限	市场工具丰富，灵活性高
波动性	汇率波动幅度相对较小	汇率波动大、价差明显

我国境内外汇避险工具主要是银行的外汇远期工具、银行的外汇和货币掉期工具以及银行的外汇期权工具，银行对客户外汇市场交易逐年上涨（如图2.1所示）。

图2.1　银行对客户市场以及银行间外汇市场交易量

（数据来源：同花顺）

银行对客户市场中远期、掉期以及期权三大工具交易情况方面，2015年至2022年外汇远期工具是最重要的工具，外汇以及货币掉期工具交易额较低，外汇期权交易量增长速度较为稳定。但是2023年外汇远期工具交易量大幅下降，外汇掉期工具交易量剧增，截至2024年底，外汇掉期工具总体交易量已经超过外汇远期工具，表明目前投资者倾向于使用更灵活的方式和工具来管理双边汇率头寸（如图2.2所示）。

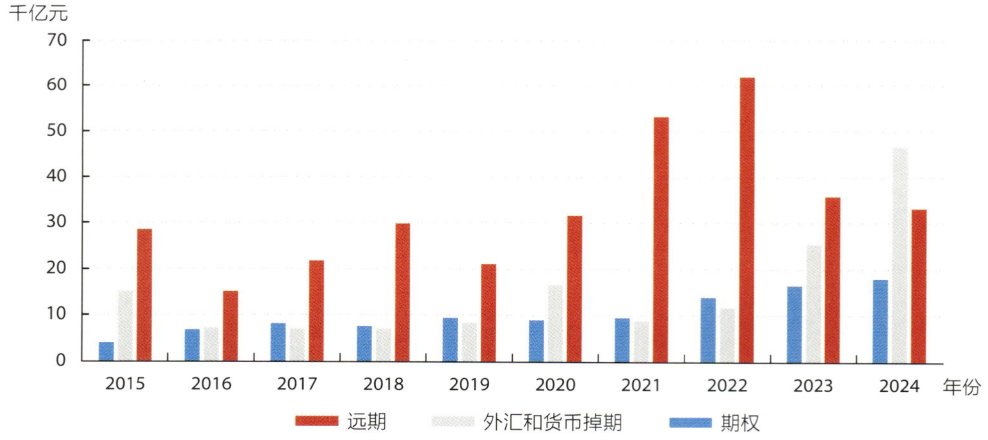

图2.2　银行对客户外汇工具交易量

（数据来源：同花顺）

自2019年起，外汇远期交易量显著增加。市场对远期外汇交易的需求不断增长，反映了投资者在汇率风险管理和未来汇率预期上的需求增加，也反映了中国外汇市场的逐步开放与资本流动自由化，同时显示出企业和投资者对汇率风险管理的关注增强。但是2023年交易额大幅下滑，取而代之的是外汇和货币掉期。在银行外汇远期市场交易组成方面，约80%来自银行对客户外汇

远期。在期限结构方面，主要以短期1月至3月期限结构为主，反映出企业的短期内锁汇需求较高（如图2.3、图2.4所示）。

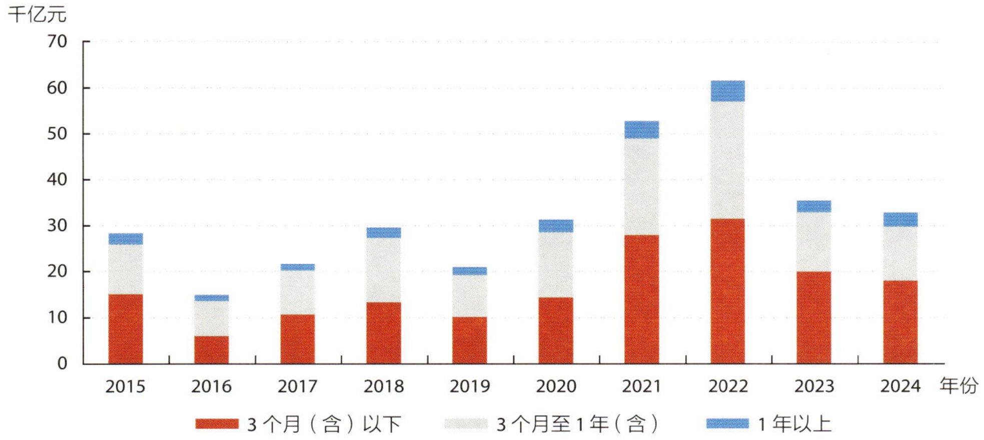

图2.3 银行对客户外汇远期交易额期限分布占比

（数据来源：同花顺）

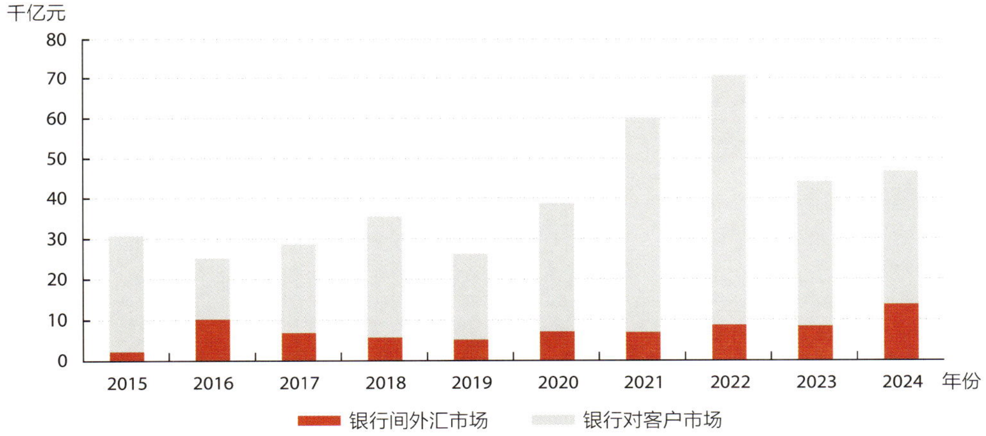

图2.4 中国外汇市场外汇远期交易额近年走势

（数据来源：同花顺）

国内掉期交易以银行间掉期交易为主，企业参与外汇掉期交易额大于外汇远期。同样，作为银行外汇市场最普遍的两种工具，掉期工具的交易额高于银行外汇远期，且企业对于短期汇率风险管理需求大于长期需求（如图2.5所示）。

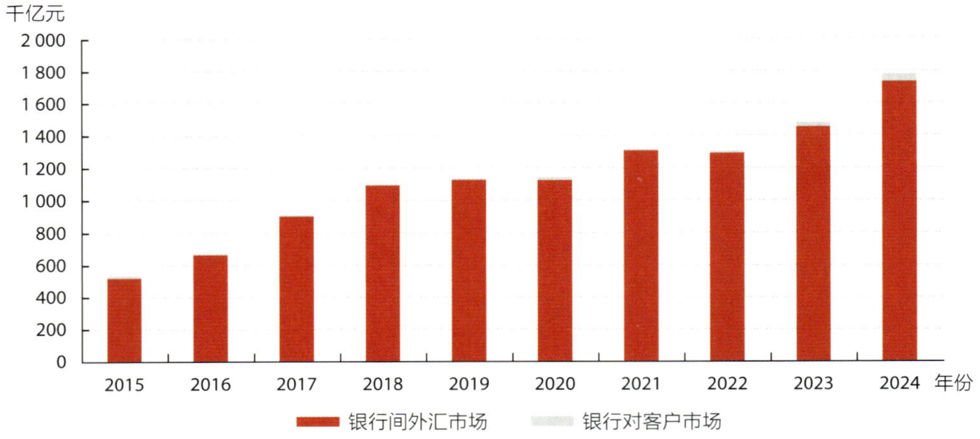

图2.5　中国外汇市场外汇和货币掉期交易额近年走势

（数据来源：同花顺）

银行外汇期权以银行间为主，银行对客户外汇期权以短中期为主。中国外汇期权市场中，约70%的外汇期权交易是银行间外汇市场，另外30%是银行对客户市场。在银行对客户外汇市场期权交易额期限分布占比方面，3个月以下以及3个月至1年期（中短期交易）为主要的交易期限，表明市场中投资者对于中短期的期权产品更为偏好，但是随着近几年短期3个月以下的产品占比逐渐由53%降低至47%，中期3个月至1年以及1年以上期限结构占比相对提升，表明市场上部分投资者逐渐更关注中长期的外汇套保（如图2.6、图2.7所示）。

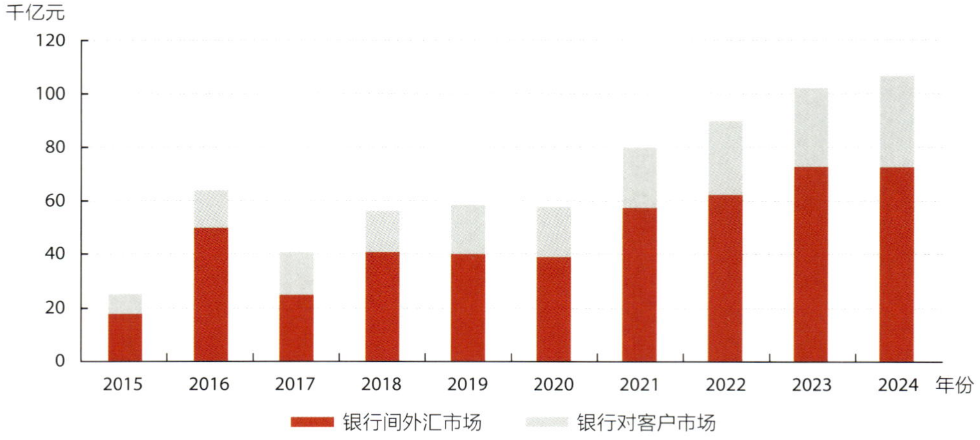

图2.6　中国外汇市场期权交易额近年走势

（数据来源：同花顺）

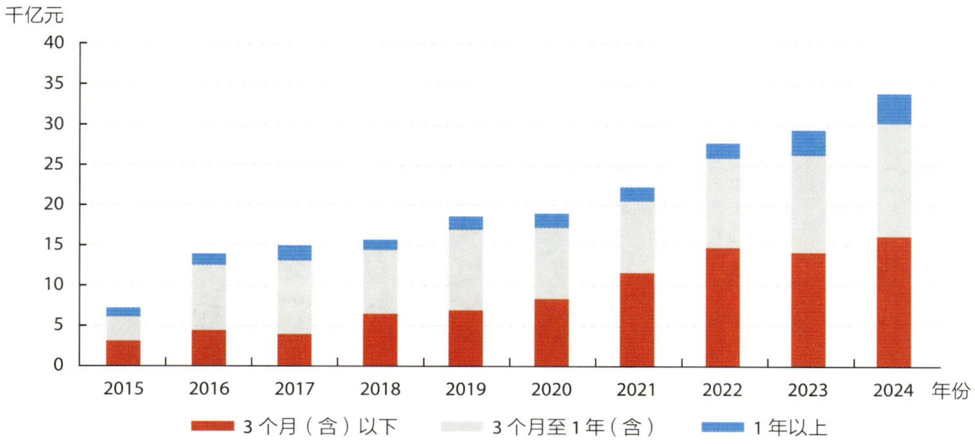

图2.7　银行对客户外汇期权交易额期限分布占比

（数据来源：同花顺）

3 外汇套期保值

套期保值管理是企业在复杂国际金融市场中实现风险对冲的核心机制，其本质是通过建立科学的风险管理体系，将市场波动对企业经营的影响控制在可承受范围内。一套完整的套期保值管理流程涵盖套期关系全生命周期管理，套期交易端到管控端、套期风险动态监测以及套期效果评估等。通过流程规范、量化工具与跨团队协同，企业可在遵循套期保值监管和会计准则要求的同时，实现风险防控与财务目标的双重优化。

3.1 套期关系管理

企业应明确区分套期保值类与非套期保值类业务。对于套期保值类业务，应对汇率风险敞口与衍生品组成的套期关系进行规范化管理。完整的套期关系生命周期包括套期关系指定、套期有效性评估、套期关系再平衡与套期关系终止（如图3.1所示）。

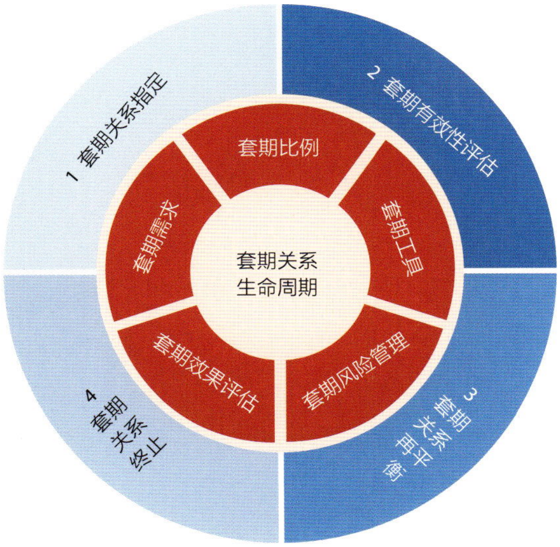

图3.1　套期关系生命周期

3.1.1 套期关系定义与指定

套期关系可分为公允价值套期、现金流量套期和境外经营净投资套期三种类型。一是公允价值套期，指对已确认资产或负债、尚未确认的确定承诺的公允价值变动风险敞口进行套期。二是现金流量套期，指对现金流量变动风险敞口进行的套期。实务中，汇率工具相关套期关系一般既可以指定为公允价值套期，又可以指定为现金流量套期。三是境外经营净投资套期，指对境外经营净投资的汇率风险进行套期。企业在跨境投资中会面临境外经营净投资的汇率风险，被套期项目是企业在境外经营净投资中的权益份额。

企业可对满足下列条件的套期关系进行正式指定，并可运用套期会计方法进行账务处理。

3.1.1.1 套期关系仅由符合条件的套期工具和被套期项目组成

符合条件的被套期项目包括已确认资产或负债、尚未确认的确定承诺、极可能发生的预期交易及境外经营净投资等。符合条件的套期工具包括衍生工具（远期、期货、期权、互换等）、以公允价值计量且计入当期损益的非衍生金融资产或负债（或其汇率风险成分）等，企业可以将套期工具的一定比例、两项或两项以上金融工具组合指定为套期工具。卖出期权仅可作为组合（如领式期权）的一部分被指定，且不得产生净期权费收入。

3.1.1.2 准备符合要求的套期文档

在套期开始时，企业正式指定了被套期项目和套期工具，并准备了企业的风险管理策略、风险管理目标，以及套期关系指定文档。

（1）风险管理策略

风险管理策略由企业风险管理最高决策机构制定，一般在企业有关纲领性文件中阐述。风险管理策略通常应当识别企业面临的各类风险并明确企业如何应对这些风险，一般适用于较长时期的风险管理活动，并且包含一定的灵活性以适应策略实施期间内环境的变化（如不同汇率水平导致不同程度的套期）。

（2）风险管理目标

风险管理目标是指企业在某一特定套期关系层面上，如何运用指定的套期工具对指定的被套期项目的特定风险敞口进行套期，以及该套期关系对风险敞口或风险指标的改变达到何种目标。风险管理策略可以涵盖许多不同的套期关系，而这些套期关系的风险管理目标旨在落实整体的风险管理策略。

（3）套期关系指定文档

在套期开始时，企业需正式指定被套期项目和套期工具组成的套期关系。该文件至少载明被套期项目、套期工具、被套期风险性质以及套期有效性评估方法（包括套期无效部分产生的原因分析以及套期比率确定方法）等内容。一是在套期关系建立之初，首先评估套期比率，其应当与从风险管理角度设定的风险敞口比率相匹配，而后通过套期比率确定被套期项目、套期工具的数

量，在套期关系指定文档中，也应记录套期比率确定方法。二是在套期关系存续期，若套期关系需再平衡，应分析套期无效部分产生的原因，根据实际风险敞口计算新的目标套期比率，开展套期关系再平衡操作，并将无效部分产生原因、目标套期比率、再平衡方案等，更新至套期关系书面文档。三是在套期关系终止时，若企业风险管理目标发生变化，或发生需提前终止套期关系的情形，需按内部既定程序完成套期关系终止审批，并留存相关文档备查。

3.1.1.3 满足套期有效性要求

套期有效性是指套期工具的公允价值或现金流量变动能够抵消被套期风险引起的被套期项目公允价值或现金流量变动的程度。套期保值业务需同时通过经济关系评估、信用风险影响评估和套期比率评估，才可被认定为有效。套期有效性评估方法详见下文。

3.1.2 套期有效性评估

企业需定期评估套期关系有效性，确保套期工具能够真正起到对冲风险作用。会计准则要求在套期关系开始时、每个财务报告日期、在套期有效性可能发生重大变化时，对套期有效性进行评估。套期有效性评估包括三部分：经济关系评估、信用风险影响评估和套期比率评估。

3.1.2.1 经济关系评估

经济关系，是指被套期风险的变化将导致被套期项目和套期工具反方向变动，被套期项目与套期工具的公允价值变动之间存在对冲关系。

（1）关键条款比对

关键条款比对是指通过比较被套期项目和套期工具的主要条款，以确定套期是否有效的方法。如果被套期项目和套期工具的关键条款均能基本匹配，可认定因被套期风险引起的被套期项目和套期工具公允价值或现金流量变动可以相互抵消。通过关键条款比对的套期关系，无须再进行定量评价。表3.1为外汇远期作为套期工具时的关键条款比对标准示例。

表3.1　外汇远期作为套期工具时的关键条款比对标准示例

编号	外汇远期交易要素	关键条款比对标准
1	到期日	与被套期项目保持一致
2	名义本金	等于被套期项目汇率风险敞口大小
3	买入货币	与被套期项目卖出货币一致
4	卖出货币	与被套期项目买入货币一致

（2）量化方法（回归分析）

回归分析是利用数理统计方法建立因变量和自变量之间关系函数的方法。通过分析被套期项目和套期工具公允价值变动之间是否具有高度相关性，进而判断套期关系是否有效。回归分析主要步骤如表3.2所示。

表3.2　回归分析判断标准

步骤	回归分析判断标准
第一步	计算不同市场情景下（通常至少需要 30 个以上市场情景，可采用历史情景或模拟情景）被套期项目与套期工具的公允价值变动，作为回归分析的因变量、自变量。
第二步	根据因变量、自变量的观测值，估计回归方程 $Y=\beta_0+\beta_1X+\varepsilon$ 的各项参数，包括其 R^2、β_1 斜率系数、t 统计量、F 统计量等参数。上述回归方程中，Y 代表被套期项目公允价值变动，X 代表套期工具公允价值变动。β_1 是回归方程的斜率系数，代表 Y 与 X 的相关性。
第三步	回归方程参数通常需满足下述条件才能判断套期关系有效（以下为业界常用条件，并非强制）： R^2 大于 80%； 斜率系数 β_1 在 [–125%, –80%] 之间； 斜率系数 β_1 的 t 统计量在 99.95% 置信度下显著； F 统计量在 95% 置信度下显著。

3.1.2.2 信用风险影响评估

被套期项目和套期工具都可能存在信用违约风险。如被套期项目是应收账款或债券投资，企业会面临客户或发行人的违约风险。套期工具端则会面临交易对手信用风险。需持续监控信用风险的影响，被套期项目和套期工具的信用风险变化对公允价值的影响都不能占据主导地位，若发现信用风险占主导，则应终止套期关系。

3.1.2.3 套期比率评估

套期比率为被套期项目金额与套期工具金额之间的比率。作为一般原则，套期比率应当与从风险管理角度设定的套期比率相同。在被套期项目与套期工具名义本金一致情况下，套期比率为1:1，但从风险敞口计算的实际比率可能并非1:1，因此需持续对套期比率进行评估。若实际风险敞口比率超出既定范围，应进行再平衡。

3.1.3 套期关系再平衡

套期关系再平衡，是指对已存在套期关系的被套期项目或套期工具的数量进行调整，以使套期比率重新符合套期有效性要求。

企业若在套期有效性评估中发现经济关系不平衡或套期比率评估超出既定范围，则应进行套期关系再平衡操作。具体方法即通过调整被套期项目数量或套期工具数量，重新将套期比率调整至与实际风险敞口比率相匹配，从而使套期关系再次达到平衡。再平衡操作后，应将无效部分产生原因更新至套期关系书面文档。

3.1.4 套期关系终止

企业发生下列情形之一的，应当终止套期关系。

第一，被动终止套期关系情景。被套期项目、套期工具到期或因其他原因结束，或信用风险影响占主导，则企业只能终止套期关系。

第二，主动终止套期关系情景。风险管理目标变化是准则允许的企业主动终止套期关系的主要情景。在适用套期关系再平衡的情况下，企业应当首先考虑套期关系再平衡，而非轻易终止套期关系。若风险管理目标确认改变，并经公司内部审议审批，方可终止套期关系。

套期关系全生命周期管理帮助企业规范、科学开展套期保值业务。从建立套期关系、评估有效性、再平衡到终止，每一步都需企业精心设计和执行。只有通过科学的管理，企业才能在外汇市场的波动中站稳脚跟，实现真正的“汇率风险中性”。

3.2 套期交易

开展套期交易，涉及套期交易前、交易中、交易后三阶段多个关键环节，如交易前需确定容忍度、套期比例并选择合适的套期工具，交易中需按规定进行询价协商和交易审批，交易后需进行资金交割、保证金管理、财务入账、对账和档案管理等（如图3.2所示）。

图3.2 套期交易关键环节

3.2.1 交易前

在套期交易前，需首先确认公司的汇率风险容忍度、外汇敞口套期比例、合适的套期工具。

确定风险容忍度：基于历史汇率波动特征与极端情景模拟，结合企业财务承受能力，设定风险敞口容忍值。通过压力测试评估汇率极端波动对核心财务指标（如净利润、现金流、资本结构）的潜在冲击，明确财务可接受的波动边界，反向推导敞口上限值，形成风险管控的量化基准。

确定套期比例：以风险容忍阈值为约束条件，对超出敞口限额的部分实施对冲。套期比例需覆盖风险敞口与容忍值的差额，同时可设置弹性区间机制，允许执行部门在授权范围内结合市场预判动态调整对冲力度，平衡风险防控与成本优化目标。

套期工具选择：对于可选套期工具，如远期、期权、期权组合等，充分评估各类工具成本和风险，选择适合的套期工具。根据敞口特征、套期比例、套期工具等制订套期方案，明确交易规模、交易期限、风险管理目标等关键要素，并应进行初始有效性评估，确保套期方案有效。

3.2.2 交易中

询价协商：交易人员应通过企业允许的通信工具向交易商询价和协商关键条款，应与多家交易对手开展询价，并选取对本公司最为有利的报价和条款，确保交易的最优执行。

交易审批：交易人员需确定单笔交易规模不超过该交易人员授权权限，若公司要求套期交易需进行事前审查审批（如审查该交易是否符合套期比例、风险限额、内控合规要求等），则交易人员必须在获得审批通过结果后，执行该交易。

3.2.3 交易后

资金交割：根据合约类型完成资金或资产划转（如期权权利金支付、期货保证金调拨等）。

保证金管理：按国际及国内最新保证金管理规定交收保证金，包括抵押品（如国债、大额存单等），企业需评估自身流动性需求并管理好流动性来源。

财务入账：按会计准则进行衍生品账务处理，区分套期会计与经济套保头寸，按不同的核算规则入账。关于套期会计详情参见第四部分。

对账：核对内部系统或台账与经纪商、交易所数据，确保头寸、保证金一致。

档案管理：保存好相关法律协议、交易确认书、询价记录、电话录音等档案备查。

3.3 套期风险管理

套期风险管理可从四方面展开，一是风险识别；二是风险计量与评估；三是风险监控；四是风险报告（如图3.3所示）。

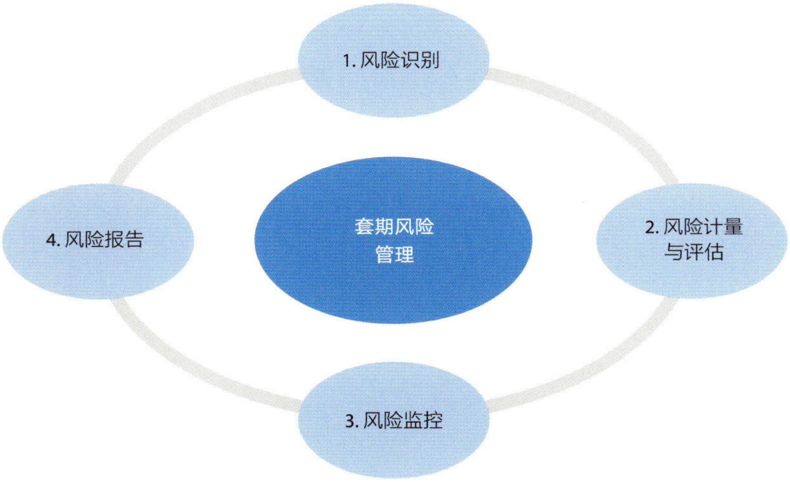

图3.3　套期风险管理

3.3.1 风险识别

3.3.1.1 汇率波动风险

企业在开展套期保值业务后，需建立持续性的市场风险监控体系。核心在于将标的资产与对冲工具纳入统一风险管理框架，通过系统化方法动态评估净风险敞口变化。当对冲策略无法完全抵消市场波动时，剩余风险的影响包括：常规波动下财务表现偏离预期，极端行情下现金流稳定

性受损。

企业应严格遵循有关套期保值比例、交易品种范围等的规范性要求，定期开展对冲有效性评估；建立风险指标监测体系，及时识别基差偏离等潜在风险；完善压力情景应对预案，针对可能出现的市场异动制订动态调整方案；建设或完善信息系统，持续提升风险监控能力，确保风险敞口始终控制在可承受范围内。

3.3.1.2 交易对手信用风险

交易对手信用风险指衍生品交易对手方（如银行、券商）在合约存续期内发生违约，无法履行支付义务的风险。

若发生交易对手违约事件，可能导致套期关系终止，需紧急寻找替代套期工具并承担市场价差损失。若发生严重的交易对手违约，可能引发连锁流动性危机（如2008年雷曼兄弟CDS违约事件），造成系统性风险冲击。

为了防范交易对手信用风险，国际和国内均制定了保证金管理机制，用于缓释交易对手信用风险敞口。2024年12月30日，国家金融监督管理总局印发《金融机构非集中清算衍生品交易保证金管理办法》，银行代客衍生品交易受本办法约束，金融机构将按本办法向交易对手收取保证金。保证金计量规则将与国际规则接轨，包括初始保证金和变动保证金等。

此外，企业仍需关注未缓释的交易对手信用风险敞口大小，严控交易对手准入标准（如仅与评级在某级别以上的银行开展交易），并控制交易对手集中度。

3.3.1.3 流动性风险

鉴于衍生品交易存在保证金要求，企业需建立完善的流动性管理机制以应对资金占用压力。首先需有效管理流动性储备及可变现资产组合，其次对合格抵押品资产（包括国债、大额存单等高信用等级资产）实施专项管理。在此基础上，建议设定10日滚动保证金储备限额，当可用储备量触及该预警阈值时，立即触发储备调拨预案。该机制通过预设的资产划转渠道和优先级安排，确保及时补充保证金缺口，从而有效防范因保证金缺口引发的结算违约风险，避免企业面临重大财务损失及声誉风险。

3.3.1.4 操作风险

衍生品交易操作风险包括因内部流程缺陷、人为失误、系统故障或外部事件导致的直接或间接损失的风险，其管理需重点关注以下维度：交易簿记错误、交易审批疏漏、法律文件瑕疵及监管合规滞后等。此类风险可能引发连锁反应，包括意外损失、监管处罚以及信誉危机等，最终导致企业价值受损。建议针对关键流程环节建立四眼核查机制，部署交易全生命周期的定期自评估和内部审计，并对发现的问题及时进行整改。

3.3.1.5 合规风险

衍生品交易需在满足各项监管要求前提下合法合规开展。如2020年1月13日，国资委发布了8号文，督促中央企业开展金融衍生业务要严守套期保值原则。衍生品工具持仓时间一般不得超过

12个月。货币类衍生业务的规模、期限等应当在资金需求合同范围内，原则上应当与资金需求合同一一对应。

针对监管框架中明确的量化约束性指标，企业应建立专项对标机制。首先依据《中央企业金融衍生业务监管暂行办法》等规范性文件，逐项拆解监管指令形成合规要素清单；其次通过差距分析识别现行制度与监管要求的偏差度，重点监控交易授权、规模控制等关键节点；最后将合规风险审查点嵌入交易流程，并建立动态追踪机制，系统性消除合规缺陷。

3.3.2 风险计量与评估

汇率风险计量以估值为基础，开展敏感度计量、风险价值（VaR）计量、情景分析和压力测试等。

3.3.2.1 盯市估值

外汇衍生品盯市估值是风险计量的核心环节，其本质在于根据最新市场数据测算衍生工具的公允价值变动，使企业能够及时了解最新风险敞口情况。

不同产品类型需采用差异化估值框架：外汇远期合约估值需综合即期汇率、合约执行价和两种货币的利率期限结构，通过汇率平价原理计算远期合约价值；货币互换需逐笔折现合约约定的本金与利息交换现金流，特别关注交叉货币隐含利率基差对折现因子的影响；外汇期权则需依托波动率曲面建模，除执行价与现价存在差异外，需动态捕捉隐含波动率期限结构变化对期权时间价值的影响。

作为风险管控基础，盯市估值承担三重职能：其一，通过每日重估，为财务入账、保证金管理等提供依据；其二，支持计量风险敏感性（如Delta、Vega值）和风险价值（VaR）等指标的计量，构建风险指标监控体系；其三，支持套期关系有效性评估，验证被套期项目与套期工具的价值变动相关性。实际操作中，建议企业依托专业系统实现自动化估值，并定期开展压力情景测试，确保估值体系具备市场异常波动下的稳健性。

3.3.2.2 风险指标计量

汇率风险指标通常包括汇率风险敞口、希腊字母敏感度及风险价值和期望损失等。

汇率风险敞口：用于控制市场风险，将标的资产与对冲工具纳入统一风险管理框架，评估单边风险敞口及净风险敞口变化。汇率风险敞口计算基于资产、负债外币头寸和外汇衍生品合约名义金额（头寸），净敞口＝多头头寸–空头头寸。此方法易于理解与执行，已成为控制汇率风险的核心工具。

希腊字母敏感度：用于刻画期权类工具的风险特征。Delta（Δ）衡量标的资产价格变动对期权价值的线性影响，Gamma（Γ）捕捉Delta随价格波动的二阶曲率效应，Vega（ν）量化隐含波动率变化导致的估值敏感度，Theta（θ）反映时间衰减对期权价值的影响。在希腊字母敏感度的分析中，需特别关注其动态特性，当标的资产价格临近期权行权价或市场出现剧烈波动时，希

腊字母往往发生跳变。因此，风险管理需从期权非线性损益结构的本质出发，构建极端市场条件下的防御机制，而非仅依赖常态市场中的敏感度参数。

风险价值（VaR）和期望损失（ES）：通过历史回溯、蒙特卡罗随机模拟等方法，估算特定持有期内（如10个交易日）较高置信水平（如99%）下的最大预期损失。VaR的使用较为普遍，但VaR对极端尾部风险存在测度盲区，因此需引入期望损失（ES）作为补充——ES计算超过VaR临界值的平均损失，更充分反映“黑天鹅”事件冲击。

3.3.2.3 压力测试

在压力测试中，需重点评估极端市场冲击下的风险传导路径：当外汇即期与衍生品市场出现非线性波动时，汇率可能在极短时间内突破常规波动区间，远期曲线结构发生扭曲，导致传统对冲策略的基差风险显著扩大。此时，即便采用多工具组合对冲，仍可能因流动性枯竭或波动率曲面突变形成残余风险敞口，需通过极端情景模拟量化潜在尾部损失。

同时需测算市场剧烈震荡时抵押品折价效应与追加保证金的叠加冲击。重点分析高波动环境下抵押资产类别流动性分层现象，评估折扣率调整对担保品价值的侵蚀程度，同时检验企业应急流动性储备能否满足压力峰值期的资金需求。

通过压力测试对套期方案进行检验，可揭示极端情景下的潜在脆弱性，进而驱动优化对冲工具组合、敞口限额及流动性储备等，形成风险控制与交易方案迭代的闭环。

3.3.3 风险监控

3.3.3.1 内部指标

为控制外汇衍生品业务市场风险、交易对手信用风险、流动性风险等，需针对各类风险设置相应的监控指标，企业可参考的风险指标如下。

汇率风险净敞口：用于控制汇率波动风险。外汇净敞口绝对值不超出公司设置的外汇敞口容忍值。若净敞口超出容忍值，则需对超出部分进行对冲，使净敞口指标回到容忍值范围内。

交易对手违约风险敞口：用于控制交易对手违约风险。交易双方根据估值交换保证金，未被保证金缓释部分会面临交易对手违约风险。企业通过严格监控该敞口，确保未缓释部分在可接受的范围内。

交易对手合约市值计价敞口：用于控制交易对手集中度、违约风险，企业可设置与任一场外交易对手合约市值计价敞口，不超过上年末总资产的某一百分比（如1%）。

保证金占用总额：用于控制资金占用风险，企业可设置保证金占用总额不超过汇率风险净敞口的一定比例（如10%），若超出则需对部分衍生品交易进行平仓处理。

综合压力损失：用于控制极端风险造成的损失，指在压力测试下外汇敞口与衍生品组合的预期损失。企业可设置该指标不超出当期利润目标或实际资本的某一百分比（如5%）。

市场观测性指标：包括外汇期权隐含波动率、实际波动率和流动性指标（买卖价差率）等。如外汇波动率远低于历史平均值时期权较为便宜，此信息可辅助业务人员选取套期工具。

3.3.3.2 监管指标

在金融衍生品业务监管趋严的背景下，监管机构已发布多维度、差异化的业务指引框架，其中不乏诸多监管量化指标要求。

如《关于切实加强金融衍生业务管理有关事项的通知》（8号文）所包含的针对外汇衍生业务的量化监管指标可归纳为：

- 期限约束：单笔持仓周期原则上不超过12个月；
- 规模约束：净持仓规模不超过对应风险敞口的100%。

企业需建立专项合规识别机制，系统梳理所属行业监管规则体系，重点提取与业务属性、交易品种及风险管理相关的量化约束指标（如套保比例阈值、敞口匹配度、期限结构等），纳入企业风险监控体系。

3.3.4 风险报告

汇率风险报告作为企业风险管理的核心工具，其内容通常围绕风险识别、计量、监测和报告等展开。

3.3.4.1 内部报告

套期保值业务的内部风险报告内容包括但不限于：市场动态、风险敞口分析、套期保值工具使用情况、压力测试情况、套期效果评估及应对措施等。

企业可能每日或每周跟踪外汇敞口变动，因此外汇敞口情况报告通常是高频的。而较为综合的定期报告通常按月或季度提交，重大市场波动时临时加报。汇报路径根据企业自身组织架构制定。

对于中央企业，国资委要求风险管理部门要建立每日报告制度；风险管理部门、交易部门与财务部门要进行每月核对；风险管理部门、交易部门每季度要向经营管理层报告业务开展情况。

3.3.4.2 监管报送

企业开展外汇衍生品业务时，需系统梳理所属行业监管部门所需报告内容，并进行相应报送工作，包括但不限于以下内容。

（1）向国家外汇管理局报送

交易数据报送：企业开展外汇衍生品业务时，金融机构需按照外汇局的要求报送相关交易数据。

重大事项报告：如果企业在外汇衍生品业务中出现重大风险或损失，或者业务对市场稳定产生重大影响，应当及时向外汇局报告。

（2）向国资委报送（针对中央企业）

根据8号文，各中央企业应当定期向国资委报告金融衍生业务开展情况，及时报告重大事项，确保报送信息准确、完整。

季度报告：对于业务日常开展情况，应当于每季度末随财务快报一并报送金融衍生业务报表。未开展金融衍生业务的企业要进行“零申报”。集团要加强对上报数据的检查和核实，避免瞒报、漏报、错报。

年度专项报告：对于业务年度经营情况，集团应当向国资委报送专项报告，报告内容包括年度业务开展情况（如业务品种、保值规模、盈亏情况、年末持仓风险评估等）、套期保值效果评估、审计检查中发现的问题及整改情况、其他重大事项等，并将中介机构出具的专项审计意见，与年度财务决算报告一并报送国资委。

重大事项专项报告：对于开展投机业务或产生重大损失风险、重大法律纠纷、造成严重影响的，应当于24小时内向国资委专项报告，并对采取的处理措施及处理情况建立周报制度。对于有特殊业务需求，期限、规模等超过本通知的，要提前向国资委报告。

（3）向交易报告库报送（针对金融机构）

金融机构开展外汇衍生品业务时，需向交易报告库报送衍生品交易相关数据，并妥善保存所有交易相关数据、交流信息记录等，保存期限不少于5年。

3.4 套期效果评估

套期效果评估可从三方面展开，一是风险管理目标维度，二是财务效益目标维度，三是战略协同维度（如图3.4所示）。

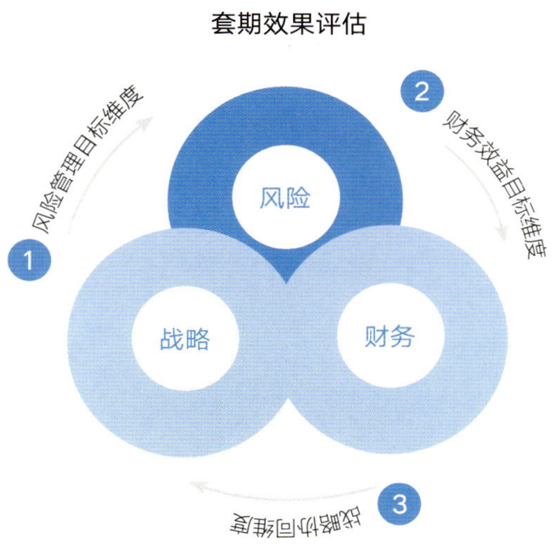

图3.4　套期效果评估

3.4.1 风险管理目标评估

风险敞口覆盖度评估：应评估风险敞口覆盖度是否满足套期比例要求，重点核查剩余风险敞口是否严格控制在企业风险容忍度之内。

多维风险指标评估：在险价值（VaR）方面，需明确套期前后组合风险暴露的缩减幅度（如从500万元显著降至200万元）；波动率维度应体现对冲策略的有效性，如年化波动率下降比例（如从30%高位压缩至12%）等。

合规性评估：必须核查交易全流程是否严格遵循企业内控和风险管理要求，且需特别关注是否触及监管量化指标红线，确保企业套期保值业务满足合规要求。

3.4.2 财务效益目标评估

综合损益评估：应评估被套期项目和套期工具组合的综合损益，即考虑对冲效应后的剩余损益部分，再进一步扣除套期工具成本支出（包括期权费、期货保证金利息占用）、执行交易成本（如买卖价差与经纪佣金）等，评估平均综合损益率。

账面波动评估：应评估对冲后利润表改善效果，包括套期工具与被套期项目损益的匹配程度，以及当期利润波动性是否显著下降（如从±20%收窄至±5%），是否达到平滑损益波动目标。

3.4.3 战略协同维度评估

经营稳健程度：评估套期保值业务是否使供应链关系得到强化，如通过套期锁汇向国外供应

商提供价格承诺。

市场扩张支持：外汇套期降低海外投资汇率风险，故评估通过套期业务是否促进了海外扩张等。

利益相关者信心：是否促进了企业信用评级提升，股价波动性降低是否吸引了更多长期价值投资基金等。

4 外汇套期会计

4.1 套期会计应用背景

企业使用金融工具进行风险管理的目的是对冲风险，降低损益波动。如按照常规会计处理方法，由于被套期风险敞口和对风险敞口进行套期的金融工具的确认、计量基础可能不同，或将导致损益产生更大波动。如企业使用外汇衍生工具对某项极可能发生的预期交易的汇率风险进行套期，按照常规会计处理方法，该衍生工具应当以公允价值计量且其变动计入当期损益，但预期交易通常需到交易发生时才能予以确认，这样在预期交易实际发生前，企业利润表反映的损益会产生较大波动。因此，从长期看，虽然被套期项目和套期工具实现了风险对冲，但在套期存续期所涵盖的各会计报告期间内，按照常规方法处理，可能会产生会计错配和损益波动。

4.2

套期会计实操进展

2017年，财政部修订印发了《企业会计准则第24号——套期会计》(以下简称《24号准则》)，对开展套期业务的企业选择运用套期会计时的会计处理进行了规范，明确了企业在开展套期业务时适用的套期会计方法。套期会计方法，是指基于企业风险管理活动，将套期工具和被套期项目产生的利得或损失在相同会计期间计入当期损益（或其他综合收益），有助于处理被套期项目和套期工具在确认和计量方面存在的差异，并在企业财务报告中如实反映企业进行风险管理活动的影响。

为便于有汇率风险管理需求的企业快速了解套期会计准则相关内容、初步评估企业运用套期会计的可行性，本文根据汇率风险管理策略，结合常用的汇率避险工具，对套期会计准则进行解读，同时以案例形式对套期会计的实操处理进行说明。

4.3 套期会计准则解读

4.3.1 套期会计应用条件

鉴于套期会计具有非强制性、系统性、复杂性等特征，套期交易并非无成本、无风险，因此企业可从业务实际出发，统筹考虑实施套期会计的成本、风险及收益后，自主选择是否使用套期会计方法记账。运用套期会计方法记账，须同时满足下列条件。

（1）套期关系仅由符合条件的被套期项目和套期工具组成；

（2）套期开始前，正式指定了被套期项目和套期工具，准备了关于套期关系和企业从事套期的风险管理策略、风险管理目标等书面文件；

（3）套期关系符合套期有效性要求。

4.3.1.1 符合条件的被套期项目

被套期项目，是指使企业面临公允价值或现金流量变动风险，且被指定为被套期对象的、能够可靠计量的项目。企业可以将下列单个项目、项目组合或其组成部分指定为被套期项目。

（1）已确认的资产或负债

主要为企业在涉外业务中形成的资产或负债，如外币存款、持有的外币债券、外币应收账款、外币借款、发行的外币债券、外币应付账款等。

实务中企业在对外币应收、应付账款的汇率风险进行管理时，可对金额较大的应收、应付账款进行逐笔管理，也可视情况对汇率风险总敞口或净敞口进行统一管理。例如企业常年保持最低1亿美元的应收账款规模（合同数量众多，滚动更新），为管理应收账款的汇率风险，企业签署了1亿美元、1年期的远期外汇合约，锁定应收账款一年内因汇率波动产生的公允价值变动风险。虽

然应收账款一直在滚动更新，但从企业面临的公允价值变动风险来看，并不会因个别应收账款的滚动更新而有所不同，因此实务中企业可将一组应收账款风险敞口中的一部分（组成部分的名义金额）指定为被套期项目。

（2）尚未确认的确定承诺

确定承诺，是指在未来某特定日期或期间，以约定价格交换特定数量资源、具有法律约束力的协议。

对于企业已签署但尚未执行的以外币结算的采购或销售合同，虽未执行，但也面临与应收、应付账款相同的汇率风险。如将此类已签署合同的汇率风险纳入企业风险管理范畴，在会计领域便是对尚未确认的确定承诺进行汇率风险套期。

（3）极有可能发生的预期交易

预期交易，是指尚未承诺但预期会发生的交易。预期交易与确定承诺的区别为是否签订了具有法律约束力的合同或协议。

对企业来说，尽管尚未签署销售或采购合同，但根据企业的生产经营计划或历史经验判断，预期极可能发生某些外币采购或销售交易，而这些交易同样会使企业面临因汇率波动带来的不确定性风险。当企业通过衍生品锁定预期交易的现金流时，也可运用套期会计进行处理。例如，某公司为满足生产需要，计划于1个月后支付100万美元购入生产设备，该预期交易极有可能发生，可作为被套期项目。

评估预期交易发生的可能性时，不能仅依靠企业管理人员的判断，而应基于可观察的事实和相关因素，需考虑因素如下：

① 类似交易之前发生的频率；

② 企业在财务和经营上从事此项交易的能力；

③ 企业有充分的资源（例如，在短期内仅能用于生产某一类型商品的设备）能够完成此项交易；

④ 交易不发生时可能对经营带来的损失和破坏程度；

⑤ 为达到相同的业务目标，企业可能会使用在实质上不同的交易的可能性（例如，计划筹集资金的企业可以通过获取银行贷款或者发行股票等方式筹集资金）；

⑥ 企业的业务计划。

（4）境外经营净投资

境外经营净投资，是指企业在境外经营净资产中的权益份额。企业既无计划也无可能在可预见的未来会计期间结算的长期外币货币性应收项目（含贷款），应当视同实质构成境外经营净投资的组成部分。因销售商品或提供劳务等形成的期限较短的应收账款不构成境外经营净投资。

4.3.1.2 符合条件的套期工具

套期工具，是指企业为进行套期而指定的、其公允价值或现金流量变动预期可抵消被套期项目的公允价值或现金流量变动的金融工具。具体包括：

（1）以公允价值计量且其变动计入当期损益的衍生工具，但卖出期权除外。常用于汇率风险套期保值的衍生工具包括外汇远期、外汇掉期、外汇期权等，其中外汇远期和外汇期权可选择进行全额交割或差额交割。

（2）以公允价值计量且其变动计入当期损益的非衍生金融资产或非衍生金融负债。但指定为以公允价值计量且其变动计入当期损益、且其自身信用风险变动引起的公允价值变动计入其他综合收益的金融负债除外，因为它没有将整体公允价值变动计入损益，不能被指定为套期工具。在汇率风险套期保值实务中，此种套期工具极其少见。

（3）对于汇率风险套期，企业可将非衍生金融资产（选择以公允价值计量且其变动计入其他综合收益的非交易性权益工具投资除外）或非衍生金融负债的汇率风险成分指定为套期工具。例如，甲企业有一个3个月后产生1 000万美元应收账款的销售承诺，如对未来销售承诺产生的应收账款的汇率风险进行套期，可向银行借入3个月期限的1 000万美元的短期借款，则可将该借款合同指定为套期工具。

此外，《24号准则》允许企业在对套期工具进行指定时采取以下方式。

（1）由于期权的时间价值、远期合同的远期要素和金融工具的外汇基差通常具备套期成本的特征且可以单独计量，为提高套期关系的有效性，企业可仅将期权的内在价值、远期合同的即期要素、扣除外汇基差后的金融工具指定为套期工具。

（2）企业可将套期工具的一定比例指定为套期工具，但不可以将套期工具剩余期限内某一时段的公允价值变动部分指定为套期工具。

4.3.1.3 符合套期有效性要求

套期有效性要求，是指被套期项目和套期工具之间应存在经济关系，即被套期项目和套期工具的价值因面临相同风险但发生方向相反的变动，是企业实施套期会计的技术难点之一。为鼓励引导企业应用套期会计，《24号准则》取消了原准则下“回顾有效性测试”要求，更加注重套期工具和被套期项目之间是否存在“经济关系”。因此，对于主要条款（如名义金额、到期期限和基础变量）均匹配或大致相符的套期关系，企业可通过定性分析判断套期工具与被套期项目之间是否存在“经济关系”，满足套期会计应用条件，大幅降低了企业实施套期会计的门槛。

4.3.2 套期会计科目要求

为准确、及时、全面反映套期业务相关活动，规范套期会计核算行为，针对套期业务新增设以下会计科目。

4.3.2.1 被套期项目

本科目核算企业开展套期业务的被套期项目及其公允价值变动形成的资产或负债，可按被套期项目类别或套期关系进行明细核算，如外币应收账款、确定承诺和预期交易等。本科目期末

借方余额，反映企业被套期项目形成的资产；本科目期末贷方余额，反映企业被套期项目形成的负债。

4.3.2.2 套期工具

本科目核算企业开展套期业务（包括公允价值套期、现金流量套期和境外经营净投资套期）的套期工具及其公允价值变动形成的资产或负债，可按套期工具类别或套期关系进行明细核算，如外汇远期、外汇掉期和外汇期权等。本科目期末借方余额，反映企业套期工具形成资产的公允价值；本科目期末贷方余额，反映企业套期工具形成负债的公允价值。

4.3.2.3 套期损益

本科目核算被套期项目和套期工具价值变动形成的利得和损失。可按套期关系进行明细核算，如公允价值套期、现金流量套期和境外经营净投资套期等。

4.3.2.4 净敞口套期损益

本科目核算净敞口套期下被套期项目累计公允价值变动转入当期损益的金额或现金流量套期储备转入当期损益的金额，可按套期关系进行明细核算。

4.3.2.5 其他综合收益——套期储备

本科目核算现金流量套期下套期工具累计公允价值变动中的套期有效部分，可按套期关系进行明细核算，如现金流量套期和境外经营净投资套期。

4.3.2.6 其他综合收益——套期成本

本科目核算企业将期权的时间价值、远期合同的远期要素或金融工具的外汇基差排除在套期工具之外时，期权的时间价值等产生的公允价值变动，可按套期关系进行明细核算，如公允价值套期和现金流量套期等。

4.3.3 套期会计核算要点

在套期会计中，套期分为公允价值套期、现金流量套期和境外经营净投资套期。

4.3.3.1 公允价值套期

公允价值套期，是指对已确认资产或负债、尚未确认的确定承诺，或上述项目组成部分的公允价值变动风险敞口进行的套期。

核算要点：套期工具产生的利得或损失计入当期损益；被套期项目的利得或损失计入当期损益，同时调整被套期项目的账面价值。通过将套期工具与被套期项目的公允价值变动计入相同会计期间的损益，使二者公允价值变动形成自然对冲，以降低企业因未开展风险管理活动产生的损益波动。公允价值套期主要适用于企业对公允价值变动风险进行主动管理的情况。

4.3.3.2 现金流量套期

现金流量套期，是指对现金流量变动风险敞口进行的套期。

核算要点：将套期工具产生的利得或损失计入其他综合收益。当被套期项目为预期交易，在预期交易确认为一项资产或负债时，将其他综合收益计入该资产或负债的初始确认金额；当被套期项目为其他项目，在预期现金流量影响损益时，将其他综合收益计入当期损益。企业运用现金流量套期核算方法，可使套期工具产生的利得或损失递延，从而规避套期工具估值变动导致利润表当期损益大幅波动的情况。现金流量套期主要适用于企业对现金流量风险进行主动管理的情况。实务中，与汇率风险相关的套期既可为公允价值套期，也可为现金流量套期。

4.3.3.3 境外经营净投资套期

境外经营净投资套期，是指对境外经营净投资的汇率风险进行的套期。企业在跨境投资中面临的境外经营净投资的汇率风险，可通过外汇远期合约等工具进行对冲，避免汇率波动对企业经营成果产生较大影响。在实施套期会计时，被套期项目是企业在境外经营净投资中的权益份额。

核算要点：与现金流量套期类似，将外汇衍生品盈亏的有效部分递延至其他综合收益（资产负债表科目），无效部分计入当期损益，从而降低损益大幅波动风险。该类套期主要应用于跨境投资经营企业。

4.3.4 套期会计核算场景

涉外业务中，企业通常会遇到以下外币核算场景：一是经营场景。如企业日常经营中，以外币计价或折算的采购、销售合同等；满足外币收支需求的即期交易（结汇、购汇）等。二是金融场景。如购买外币金融资产、发行外币债券、外币融资、对冲外币敞口的外汇衍生品（远期、掉期、期权等）等。三是境外经营场景。指企业在境外经营净资产中的权益份额，包括企业在境外的子公司、合营企业、联营企业、分支机构（境内的机构采用不同于企业记账本位币的，也视同境外经营），需对这些外币财务报表进行折算。

外汇套期会计则是通过甄选外汇衍生工具，对外汇经营产生的外币资产或负债、外汇敞口、境外经营净投资等被套期项目进行风险管理，并应用套期会计方法进行相应会计处理，以真实反映企业对涉外业务的风险管理行为。

4.4 外汇套期核算案例

4.4.1 对境外经营净投资进行套期

根据《24号准则》规定，对于境外经营净投资，企业可指定外汇衍生工具或非衍生金融资产/负债的汇率风险成分作为套期工具。下文以境外经营净投资为例，简要说明两种套期工具下的套期会计处理方法。

4.4.1.1 使用外汇远期对境外经营净投资进行套期

例4.1：A企业（记账本位币为人民币）在其境外子公司（乙公司）有一项境外净投资（价值1 000万美元）。为规避境外经营净投资汇率风险，A企业于2022年7月1日与某境外金融机构签订了一项6个月到期的外汇远期合同，对境外经营净投资进行套期（如表4.1所示）。

表4.1　远期合约条款

远期合约条款	
交易日	2022/7/1
交割日	2022/12/31
产品类型	远期结售汇
买入货币	CNY
买入货币金额	66 862 000.00
卖出货币	USD
卖出货币金额	10 000 000.00
合同价格（汇率）	6.6862

假定：（1）该套期符合运用套期会计条件；（2）不考虑远期合同的远期要素和折现等因素。甲公司每季度对境外经营净投资套期进行账务处理，相关市场数据如表4.2所示。

表4.2 相关市场数据

日期	即期汇率	远期汇率
2022/7/1	6.6863	6.6862
2022/9/30	7.0998	7.0995
2022/12/31	6.9646	—

（1）2022年7月1日

编制套期指定文件，对被套期项目科目余额进行结转，由于外汇远期合同的公允价值为零，无须进行表内账务处理，仅需在表外登记衍生品名义本金。

被套期项目本币金额=10 000 000×6.6863=66 863 000元人民币

借：被套期项目——境外经营净投资 66 863 000

　贷：长期股权投资 66 863 000

（2）2022年9月30日

确认套期工具和被套期项目的公允价值变动。

① 确认套期工具的公允价值变动

套期工具的公允价值=10 000 000×（6.6862-7.0995）=-4 133 000元人民币

借：其他综合收益——报表折算损益 4 133 000

　贷：套期工具——外汇远期 4 133 000

② 确认被套期项目的公允价值变动

被套期项目的公允价值变动=10 000 000×（7.0998-6.6863）=4 135 000元人民币

借：被套期项目——境外经营净投资 4 135 000

　贷：其他综合收益——报表折算损益 4 135 000

（3）2022年12月31日

确认套期工具和被套期项目的公允价值变动，并对套期工具进行结算，同时将被套期项目借转回原科目。

① 确认套期工具的公允价值变动

套期工具的公允价值=10 000 000×（6.6862-6.9646）=-2 784 000元人民币

借：套期工具——外汇远期 1 349 000

　贷：其他综合收益——报表折算损益 1 349 000

② 结算套期工具损益

借：套期工具——外汇远期 2 784 000

　贷：银行存款 2 784 000

③ 确认被套期项目的公允价值变动

被套期项目的公允价值变动=10 000 000×（6.9646-7.0998）=-1 352 000元人民币

借：其他综合收益——报表折算损益 1 352 000

贷：被套期项目——境外经营净投资 1 352 000

④ 将被套期项目借转回原科目

借：长期股权投资 69 646 000

贷：被套期项目——境外经营净投资 69 646 000

（4）未来处置境外经营净投资时的损益分析

境外经营净投资套期中外汇远期形成的利得在其他综合收益中列示，其中套期工具累计产生的其他综合收益余额为借方余额2 784 000元人民币（4 133 000-1 349 000），直至子公司被处置时转入损益。

境外经营净投资折算计入其他综合收益的贷方余额为2 783 000元人民币（-4 135 000+1 352 000），与上款抵销后为借方余额1 000元人民币。

未来处置境外经营净投资，将其他综合收益转入当期损益时，套期期间产生的部分应转为1 000元人民币的损失。

（5）财务报表附注披露

① 指定的套期工具如表4.3所示。

表4.3　指定套期工具情况

	2022年12月31日			资产负债表列示项目
	名义金额	公允价值		
		资产	负债	
汇率风险	—	—	—	—
外汇远期	—	—	—	—

② 套期工具产生的公允价值变动对其他综合收益影响如表4.4所示。

表4.4　套期工具产生的公允价值变动对其他综合收益影响

	套期工具公允价值变动转入其他综合收益的金额	套期工具从其他综合收益中转出至损益的金额	套期工具公允价值变动计入其他综合收益的净额
2022 年 12 月 31 日	2 784 000	—	2 784 000

注：由于报表日套期工具已到期，故套期工具名义本金和公允价值均为0；计入其他综合收益的金额无须转出，待境外经营净投资处置时再转入当期损益，相应会产生2 784 000元人民币的损失。

（6）补充说明

企业在进行境外经营净投资套期时，也可选择外汇看跌期权作为套期工具，在不考虑对期权的内在价值和时间价值进行拆分的情况下，其支付的期权费可视为开展套期所支付的成本。

由于期权合约本身的特殊性，买入期权的公允价值始终大于等于零（不考虑后付期权费对合约公允价值的影响）。在外币升值期间，境外经营净投资处于估盈状态，期权的公允价值变动不会起到对冲报表折算损益的效果；在汇率贬值且突破看跌价格时，期权到期时的价值可对境外经营净投资的估亏情况起到止损作用。

4.4.1.2 使用外币借款对境外经营净投资进行套期

例4.2：A企业（记账本位币为人民币）在其境外子公司（乙公司）有一项境外净投资（价值1 000万美元）。为规避境外经营净投资汇率风险，A企业于2021年7月1日与某境外金融机构签订了一项6个月到期的美元借款合同，对境外经营净投资进行套期（如表4.5所示）。

表4.5 借款条款

借款条款	
起息日	2022/7/1
到期日	2022/12/31
产品类型	短期借款
币种	USD
借款本金	10 000 000.00
借款利率	1.20%
计息方式	30/360
付息方式	到期还本付息

假定：该套期符合运用套期会计的条件。

甲公司每季度对境外净投资套期进行账务处理，相关市场数据如表4.6所示。

表4.6 相关市场数据

日期	即期汇率
2022/7/1	6.6863
2022/9/30	7.0998
2022/12/31	6.9646

（1）2022年7月1日

编制套期指定文件，对被套期项目科目余额进行结转，同时将被指定的短期借款计入套期工具科目。

① 对被套期项目科目余额进行结转

被套期项目本币金额=10 000 000×6.6863=66 863 000元人民币

借：被套期项目——境外经营净投资 66 863 000

　贷：长期股权投资 66 863 000

② 将被指定的短期借款计入套期工具科目

套期工具本币金额=10 000 000×6.6863=66 863 000元人民币

借：银行存款 66 863 000

  贷：套期工具——短期借款 66 863 000

（2）2022年9月30日

确认套期工具和被套期项目的公允价值变动，并计提短期借款利息。

① 确认套期工具公允价值变动

套期工具的公允价值=10 000 000×（7.0998−6.6863）=4 135 000元人民币

借：其他综合收益——报表折算损益 4 135 000

  贷：套期工具——短期借款 4 135 000

② 确认被套期项目的公允价值变动

被套期项目的公允价值变动=10 000 000×（7.0998−6.6863）=4 135 000元人民币

借：被套期项目——境外经营净投资 4 135 000

  贷：其他综合收益——报表折算损益 4 135 000

③ 计提短期借款的利息

应付利息=10 000 000×1.2%×3/12×7.0998=212 994元人民币

借：利息支出 212 994

  贷：应付利息 212 994

（3）2022年12月31日

确认套期工具和被套期项目的公允价值变动，确认套期工具产生的利息并完成套期工具的结算，同时将被套期项目借转回原科目。

① 确认套期工具的公允价值变动

套期工具的公允价值=10 000 000×（6.9646−7.0998）=−1 352 000元人民币

借：套期工具——短期借款 1 352 000

  贷：其他综合收益——报表折算损益 1 352 000

② 确认套期工具利息

应付利息=10 000 000×1.2%×3/12×6.9646=208 938元人民币

借：利息支出 208 938

  贷：应付利息 208 938

应付利息汇兑损益=10 000 000×1.2%×3/12×（6.9646−7.0998）=−4 056元人民币

借：应付利息 4 056

  贷：汇兑损益 4 056

③ 进行套期工具结算，即短期借款还本付息

借：套期工具——短期借款 69 646 000

借：应付利息 417 876

  贷：银行存款 70 063 876

④ 确认被套期项目的公允价值变动

被套期项目的公允价值变动=10 000 000×（6.9646-7.0998）=-1 352 000元人民币

借：其他综合收益——报表折算损益 1 352 000

　贷：被套期项目——境外经营净投资 1 352 000

⑤ 将被套期项目借转回原科目

借：长期股权投资 69 646 000

　贷：被套期项目——境外经营净投资 69 646 000

（4）未来处置境外经营净投资时的损益分析

境外经营净投资套期中短期借款形成的利得在其他综合收益中列示，其中套期工具累计产生的其他综合收益余额为借方余额2 783 000元人民币（4 135 000-1 352 000），直至子公司被处置时转入损益。

境外经营净投资折算计入其他综合收益的贷方余额为2 783 000元人民币（-4 135 000+1 352 000），与上款抵销后为0元人民币。

未来处置境外经营净投资，将其他综合收益转入当期损益时，套期期间产生的部分不产生损益。

短期借款产生利息支出421 932元人民币，汇兑收益4 056元人民币，合计费用支出417 876元人民币，可视为对境外经营净投资套期产生的成本。

（5）财务报表附注披露

① 指定的套期工具如表4.7所示。

表4.7　指定套期工具情况

	2022年12月31日			资产负债表列示项目
	名义金额	公允价值		
		资产	负债	
汇率风险	—	—	—	—
短期借款	—	—	—	—

② 套期工具产生的公允价值变动对其他综合收益影响如表4.8所示。

表4.8　套期工具产生的公允价值变动对其他综合收益影响

	套期工具公允价值变动转入其他综合收益的金额	套期工具从其他综合收益中转出至损益的金额	套期工具公允价值变动计入其他综合收益的净额
2022 年 12 月 31 日	2 783 000	—	2 783 000

注：由于报表日套期工具已到期，故套期工具名义本金和公允价值均为0；计入其他综合收益的金额无须转出，待境外经营净投资处置时再转入当期损益。

4.4.1.3 对比分析

通过比较上述两种境外经营净投资的套期效果，可发现：

（1）选取外汇远期作为套期工具时，未来处置境外经营净投资时，其他综合收益–报表折算损益转入当期损益中属于套期期间的部分，已被锁定金额（本金×远期点）。当远期点为正时，该部分相应确认为收益；远期点为负时，该部分相应确认为损失。

（2）选取外汇看跌期权作为套期工具时，在不考虑对期权的内在价值和时间价值进行拆分的情况下，期权执行汇率相当于止损线。未来处置境外经营净投资时，报表折算损益转入当期损益中属于套期期间的部分，确认的最大损失金额为本金×（期权执行汇率–套期关系指定日时的即期价格）。而期权费则是为开展套期业务所支付的成本，同时是为确定止损线而付出的代价。

（3）选取借款作为套期工具时，借款与境外经营净投资汇率折算产生的变动实现了完全对冲。未来处置境外经营净投资时，报表折算损益转入当期损益中属于套期期间的部分同样锁定为零，而借款支付的利息费用则是为开展套期业务支付的成本。

4.4.2 对已确认的资产或负债进行套期

根据《24号准则》规定，对已确认的资产或负债的汇率风险进行的套期，一般应将其作为公允价值套期进行处理。但考虑到汇率风险的特殊性，其既影响被套期项目的现金流量，又影响被套期项目的公允价值。从本币角度看，由于汇率变动导致未来支付的本币现金流发生变动，属现金流量套期；从外币角度看，未来支付的外币金额固定，但是汇率变动导致外币的公允价值发生变动，属公允价值套期。

以应收账款为例，实务中企业在对应收账款的汇率风险进行管理时，可对单笔应收账款进行管理，也可针对多笔形成的汇率风险敞口进行统一管理。鉴于此，下文以汇总风险敞口公允价值套期和单笔应收账款现金流量套期为例，简要说明两种情形下的套期会计处理方法。

4.4.2.1 对应收账款进行公允价值套期

例4.3：A企业为跨国经营企业，因国际贸易较为频繁，其账面长期存在大量美元应收账款，经评估未来3个月内，将保持在5 000万美元以上。为防范应收账款汇率风险，A企业于2022年11月1日与某境外金融机构签订了一项3个月到期的外汇远期合同，拟对5 000万美元的应收账款汇率风险进行公允价值套期，以降低未来3个月因汇率变动导致的损益波动（如表4.9所示）。

表4.9　远期合约条款

远期合约条款	
交易日	2022/11/1
交割日	2023/1/31
产品类型	远期结售汇
买入货币	CNY
买入货币金额	360 380 000.00

续表

远期合约条款	
卖出货币	USD
卖出货币金额	50 000 000.00
合同价格（汇率）	7.2076

假定：（1）该套期符合运用套期会计的条件；（2）不考虑远期合同的远期要素和折现等因素。

甲公司每季度对应收账款汇率风险套期进行账务处理，相关市场数据如表4.10所示。

表4.10　相关市场数据

日期	即期汇率	远期汇率
2022/11/1	7.2081	7.2076
2022/12/31	6.9646	6.9644
2023/1/31	6.7604	—

（1）2022年11月1日

编制套期指定文件，对被套期项目科目余额进行结转，由于外汇远期合同的公允价值为零，无须进行表内账务处理，仅需在表外登记衍生品名义本金。

被套期项目本币金额=50 000 000×7.2081=360 405 000元人民币

借：被套期项目——应收账款 360 405 000

　贷：应收账款 360 405 000

（2）2022年12月31日

确认套期工具和被套期项目的公允价值变动。

① 确认套期工具的公允价值变动

套期工具的公允价值=50 000 000×（7.2076−6.9644）=12 160 000元人民币

借：套期工具——外汇远期 12 160 000

　贷：套期损益——套期工具 12 160 000

② 确认被套期项目的公允价值变动

被套期项目的公允价值变动=50 000 000×（6.9646−7.2081）=−12 175 000元人民币

借：套期损益——被套期项目 12 175 000

　贷：被套期项目——应收账款 12 175 000

（3）2023年1月31日

确认套期工具和被套期项目的公允价值变动，并对套期工具进行结算，同时将被套期项目借转回原科目。

① 确认套期工具的公允价值变动

套期工具的公允价值=50 000 000×（7.2076−6.7604）=−22 360 000元人民币

借：套期工具——外汇远期 10 200 000

贷：套期损益——套期工具 10 200 000

② 结算套期工具损益

借：银行存款 22 360 000

贷：套期工具——外汇远期 22 360 000

③ 确认被套期项目的公允价值变动

被套期项目的公允价值变动=50 000 000×（6.7604–6.9646）=–10 210 000元人民币

借：套期损益——被套期项目 10 210 000

贷：被套期项目——应收账款 10 210 000

④ 将被套期项目借转回原科目

借：应收账款 338 020 000

贷：被套期项目——应收账款 338 020 000

（4）财务报表附注披露

① 指定的套期工具如表4.11所示。

表4.11 指定套期工具情况

	2022年12月31日			资产负债表列示项目
	名义金额	公允价值		
		资产	负债	
汇率风险	—	—	—	—
外汇远期	360 380 000.00	12 160 000.00	—	衍生金融资产

② 公允价值套期下，被套期项目信息如表4.12所示。

表4.12 被套期项目信息

	2022年12月31日				
	被套期项目的账面价值		被套期项目公允价值调整的累计金额		资产负债表列示项目
	资产	负债	资产	负债	—
汇率风险	—	—	—	—	—
应收账款	348 230 000.00	—	—	12 175 000.00	应收账款

③ 公允价值套期产生的净收益/损失如表4.13所示。

2022年、2023年，公允价值套期确认的套期无效部分产生的损益不大。

表4.13　公允价值套期产生的净收益/损失

	2022年	2023年
净收益 / 损失		
套期工具	12 160 000.00	10 200 000.00
被套期项目	−12 175 000.00	−10 210 000.00
套期无效部分	−15 000.00	−10 000.00

注：上述信息披露中假设2023年未发生其他公允价值套期业务，2022年、2023年的损益均因同一笔套期业务产生。

（5）损益分析

在从套期关系开始至套期关系终止的期间内，被套期项目确认的累计损失为22 385 000元人民币，等于外币本金×（终止日的即期汇率－开始日的即期汇率）；套期工具确认的累计收益为22 360 000元人民币，等于外币本金×（远期执行汇率－终止日的即期汇率）；二者合计确认的损失金额为25 000元人民币，等于外币本金×远期点（远期执行汇率－开始日的即期汇率）。

综上，公允价值套期下，被套期项目、套期工具累计确认的合计损益为外汇远期合约中执行汇率与开始日即期汇率的差额。

（6）补充说明

企业在对应收账款进行公允价值套期时，也可选择外汇看跌期权作为套期工具，在不考虑对期权的内在价值和时间价值进行拆分的情况下，其支付的期权费可视为开展套期所支付的成本。

由于期权合约本身的特殊性，买入期权的公允价值始终大于等于零（不考虑后付期权费对合约公允价值的影响），在外币升值期间，应收账款处于估盈状态，期权的公允价值变动无法对应收账款产生的汇兑收益进行完全对冲；在汇率贬值且突破看跌价格时，期权到期时的价值可对应收账款的汇兑损失起到止损作用。

4.4.2.2 对应收账款进行现金流量套期

例4.4：A企业为跨国经营企业，于2022年11月1日向境外公司出售产品，并确认100万美元的应收账款，根据合同约定，该笔应收账款将于2023年1月31日收回。为防范未来汇率变动风险，A企业于2022年11月1日与某境外金融机构签订了一项3个月到期的外汇远期合同，拟对100万美元的应收账款汇率风险进行现金流量套期，以锁定未来3个月后将收取的美元兑换为人民币的数量（如表4.14所示）。

表4.14　远期合约条款

远期合约条款	
交易日	2022/11/1
交割日	2023/1/31
产品类型	远期结售汇
买入货币	CNY

续表

远期合约条款	
买入货币金额	7 207 600.00
卖出货币	USD
卖出货币金额	1 000 000.00
合同价格（汇率）	7.2076

假定：（1）该套期符合运用套期会计的条件；（2）不考虑远期合同的远期要素和折现等因素。甲公司每季度对应收账款汇率风险套期进行账务处理，相关市场数据如表4.15所示。

表4.15　相关市场数据

日期	即期汇率	远期汇率
2022/11/1	7.2081	7.2076
2022/12/31	6.9646	6.9644
2023/1/31	6.7604	—

（1）2022年11月1日

编制套期指定文件，对被套期项目科目余额进行结转，由于外汇远期合同的公允价值为0，无须进行表内账务处理，仅需在表外登记衍生品名义本金。

被套期项目本币金额=1 000 000×7.2081=7 208 100元人民币

借：被套期项目——应收账款 7 208 100

　贷：应收账款 7 208 100

（2）2022年12月31日

确认套期工具和被套期项目的公允价值变动。

① 确认套期工具公允价值变动

套期工具的公允价值=1 000 000×（7.2076-6.9644）=243 200元人民币

借：套期工具——外汇远期 243 200

　贷：其他综合收益——现金流量套期储备 243 200

② 确认被套期项目的汇兑损益

被套期项目的汇兑损益=1 000 000×（6.9646-7.2081）=-243 500元人民币

借：财务费用 243 500

　贷：被套期项目——应收账款 243 500

（3）2023年1月31日

确认套期工具和被套期项目的公允价值变动，确认套期工具产生的利息并完成套期工具的结算，同时将被套期项目借转回原科目。

① 确认套期工具公允价值变动

套期工具的公允价值＝1 000 000×（7.2076−6.7604）＝447 200元人民币

借：套期工具——外汇远期 204 000

　贷：其他综合收益——现金流量套期储备 204 000

② 确认被套期项目的汇兑损益

被套期项目的汇兑损益＝1 000 000×（6.7604−6.9646）＝−204 200元人民币

借：财务费用 204 200

　贷：被套期项目——应收账款 204 200

③ 收回应收账款

应收账款折算本币数＝1 000 000×6.7604＝6 760 400

借：银行存款——美元户 6 760 400

　贷：被套期项目——应收账款 6 760 400

④ 结算套期工具（全额结算）

收取人民币数量＝1 000 000×7.2076＝7 207 600

支付美元折算本币数＝1 000 000×6.7604＝6 760 400

借：银行存款——人民币户 7 207 600

　贷：银行存款——美元户 6 760 400

　贷：套期工具——外汇远期 447 200

借：其他综合收益——现金流量套期储备 447 200

　贷：投资收益 447 200

应收账款现金流量套期中套期工具形成的利得和损失在其他综合收益中列示，累计产生的其他综合收益余额为447 200元人民币，收回应收账款时同步结转为当期损益。

（4）财务报表附注披露

① 指定的套期工具如表4.16所示。

表4.16 指定套期工具情况

	2022年12月31日			资产负债表列示项目
	名义金额	公允价值		
		资产	负债	
汇率风险	—	—	—	—
外汇远期	7 207 600.00	243 200.00	—	衍生金融资产

② 在现金流量套期中，被套期风险敞口及其对权益、损益影响情况如表4.17所示。

表4.17 被套期风险敞口及其对权益、损益影响情况

2022年年报披露

	被套期项目		套期工具			
	资产	负债	本年计入其他综合收益的套期工具公允价值变动	从现金流量套期储备重分类至当期损益的金额	包括重分类调整的利润表列示项目	现金流量套期储备
汇率风险	7 207 600.00	—	243 200.00	—	—	243 200.00

2023年年报披露

	被套期项目		套期工具			
	资产	负债	本年计入其他综合收益的套期工具公允价值变动	从现金流量套期储备重分类至当期损益的金额	包括重分类调整的利润表列示项目	现金流量套期储备
汇率风险	—	—	204 000.00	447 200.00	投资收益	—

注：上述信息披露中假设2023年未发生其他现金流量套期业务，2022年、2023年的其他综合收益和损益均因同一笔套期业务产生。

（5）损益分析

在从套期关系开始至套期关系终止的期间内，被套期项目确认的累计损失为447 700元人民币，等于外币本金×（终止日的即期汇率－开始日的即期汇率）；套期工具确认的其他综合收益为447 200元人民币，等于外币本金×（远期执行汇率－终止日的即期汇率），在套期关系终止时转入当期损益。二者合计确认的损失金额为500元人民币，等于外币本金×远期点（远期执行汇率－开始日的即期汇率）。

综上，在现金流量套期下，被套期项目和套期工具累计确认的合计损益与公允价值套期一致，均锁定为外汇远期合约中执行汇率与开始日即期汇率的差额，区别则在于套期工具产生的损益只在套期关系终止时确认。

（6）补充说明

企业在对应收账款进行现金流量套期时，也可选择外汇看跌期权作为套期工具，在不考虑对期权内在价值和时间价值进行拆分的情况下，其支付的期权费可视为开展套期所支付的成本。

由于期权合约本身的特殊性，买入期权的公允价值始终大于等于零（不考虑后付期权费对合约公允价值的影响），在外币升值期间，应收账款处于估盈状态，期权的公允价值变动计入其他综合收益的金额无法对应收账款产生的汇兑收益进行完全对冲；在汇率贬值且突破看跌价格时，期权到期时的价值可对应收账款的汇兑损失起到止损作用。

本例也可视为公允价值套期进行会计处理，处理方式可参照案例4.3。

4.4.2.3 对比分析

通过比较上述两种应收账款的套期效果，可发现：

（1）对应收账款进行公允价值套期时，应收账款受汇率波动产生的损益与套期工具公允价值变动产生的损益会在同一会计期间计入当期损益，这能起到平滑损益的作用。其中，外汇远期作为套期工具时，会将被套期项目和套期工具的合计损益锁定为远期点对应的损益；外汇看跌期权作为套期工具时，锁定了止损线，即将合计损益的下限锁定为外币本金×（期权执行汇率–开始日即期价格）。

（2）对应收账款进行现金流量套期的，套期终止后对套期完整期间内的损益进行分析时，与公允价值套期情况一致。但由于套期工具存续期内的价值变动均计入其他综合收益，只有在终止时可结转至当期损益，这导致被套期项目和套期工具的损益无法体现在同一会计期间。

4.4.3 对极有可能发生的预期交易进行套期

根据《24号准则》的规定，对极有可能发生的预期交易，一般将其作为现金流量套期进行处理。如该预期交易使企业后续确认一项非金融资产或非金融负债，以及非金融资产或非金融负债的预期交易形成一项适用于公允价值套期的确定承诺时，企业应将原先在其他综合收益中确认的现金流量套期储备金额转出，计入该资产或负债的初始确认金额中。其他情况下，企业应在被套期的预期现金流量影响损益的相同会计期间，将原先在其他综合收益中确认的现金流量套期储备金额转出，计入当期损益。下文以采购和销售过程中的预期交易为例，简要说明两种情形下的套期会计处理方法。

4.4.3.1 对预期采购交易进行现金流量套期

例4.5：2023年11月1日，A企业预计将于2024年2月29日从境外采购一台设备，预期采购价格为1 000万美元。为防范未来汇率变动风险，A企业于2023年11月1日与某境外金融机构签订了一项4个月到期的外汇远期合同，约定汇率为7.1769，2024年2月29日以净额结算方式进行交割（如表4.18所示）。

表4.18　远期合约条款

远期合约条款	
交易日	2023/11/1
交割日	2024/2/29
产品类型	远期结售汇
买入货币	USD
买入货币金额	10 000 000.00
卖出货币	CNY
卖出货币金额	71 769 000.00
合同价格（汇率）	7.1769

假定：（1）该套期符合运用套期会计的条件；（2）不考虑远期合同的远期要素和折现等因素；（3）不考虑相关税费的影响。

甲公司每季度对预期采购交易汇率风险套期进行账务处理，相关市场数据如表4.19所示。

表4.19　相关市场数据

日期	即期汇率	远期汇率
2023/11/1	7.1778	7.1769
2023/12/31	7.0827	7.0823
2024/2/29	7.1036	—

（1）2023年11月1日

编制套期指定文件，对被套期项目科目余额进行结转，由于外汇远期合同的公允价值为零，无须进行表内账务处理，仅需在表外登记衍生品名义本金。

（2）2023年12月31日

确认套期工具的公允价值变动。

套期工具的公允价值=10 000 000×（7.0823−7.1769）=−946 000元人民币

借：其他综合收益——现金流量套期储备 946 000

　贷：套期工具——外汇远期 946 000

（3）2024年2月29日

① 确认套期工具公允价值变动

套期工具的公允价值=10 000 000×（7.1036−7.1769）=−733 000元人民币

借：套期工具——外汇远期 213 000

　贷：其他综合收益——现金流量套期储备 213 000

② 以净额结算套期工具

借：套期工具——外汇远期 733 000

　贷：银行存款——人民币户 733 000

③ 购入设备

购入设备支付款项=10 000 000×7.1036=71 036 000元人民币

借：固定资产 71 036 000

　贷：银行存款——美元户 71 036 000

④ 将现金流量套期储备转入固定资产的初始确认金额中

借：固定资产 733 000

　贷：其他综合收益——现金流量套期储备 733 000

（4）财务报表附注披露

① 指定的套期工具如表4.20所示。

表4.20　指定套期工具

	2023年12月31日			资产负债表列示项目
	名义金额	公允价值		
		资产	负债	
汇率风险	—	—	—	—
外汇远期	71 769 000.00	—	946 000.00	衍生金融负债

② 在现金流量套期中，被套期风险敞口及其对权益、损益影响情况如表4.21所示。

表4.21　被套期风险敞口及其对权益、损益影响情况

2023年年报披露

	套期工具			
	本年计入其他综合收益的套期工具公允价值变动	从现金流量套期储备重分类至当期损益的金额	包括重分类调整的利润表列示项目	现金流量套期储备
汇率风险	−946 000.00	—	—	−946 000.00

2024年年报披露

	套期工具			
	本年计入其他综合收益的套期工具公允价值变动	从现金流量套期储备重分类至当期损益的金额	包括重分类调整的利润表列示项目	现金流量套期储备
汇率风险	213 000.00	—	—	—

注：上述信息披露中假设2024年未发生其他现金流量套期业务，2023年、2024年的其他综合收益和损益均因同一笔套期业务产生。

（5）损益分析

在从套期关系开始至套期关系终止的期间内，套期工具确认的其他综合收益–现金流量套期储备为借方余额733 000元人民币，等于外币本金×（远期执行汇率–终止日的即期汇率）。

由于被套期项目为预期交易，且该交易确认了一项资产，故在套期关系终止时将其他综合收益–现金流量套期储备转入固定资产的初始确认金额中，最终固定资产初始确认金额为71 769 000元人民币，等同于外汇远期的人民币交割金额。

（6）补充说明

企业在对预期采购交易进行现金流量套期时，也可选择外汇看涨期权作为套期工具，在不考虑对期权内在价值和时间价值进行拆分的情况下，其支付的期权费可视为开展套期所支付的成本。

由于期权合约本身的特殊性，买入期权的公允价值始终大于等于零（不考虑后付期权费对合

约公允价值的影响），外汇看涨期权可将最终支付的人民币价格锁定为期权执行汇率，即在外币汇率升值期间，锁定固定资产初始确认金额上限。

4.4.3.2 对预期销售交易进行现金流量套期

例4.6：2023年11月1日，A企业预计将于2024年2月29日向境外客户销售一批产品，预期销售价格为1 000万美元。为防范未来汇率变动风险，A企业于2023年11月1日与某境外金融机构签订了一项4个月到期的外汇远期合同，约定汇率为7.1769，2024年2月29日以净额结算方式交割（如表4.22所示）。

表4.22　远期合约条款

远期合约条款	
交易日	2023/11/1
交割日	2024/2/29
产品类型	远期结售汇
买入货币	CNY
买入货币金额	71 769 000.00
卖出货币	USD
卖出货币金额	10 000 000.00
合同价格（汇率）	7.1769

假定：（1）该套期符合运用套期会计的条件；（2）不考虑远期合同的远期要素和折现等因素；（3）不考虑相关税费的影响。

甲公司每季度对预期销售交易汇率风险套期进行账务处理，相关市场数据如表4.23所示。

表4.23　相关市场数据

日期	即期汇率	远期汇率
2023/11/1	7.1778	7.1769
2023/12/31	7.0827	7.0823
2024/2/29	7.1036	—

（1）2023年11月1日

编制套期指定文件，对被套期项目科目余额进行结转，由于外汇远期合同的公允价值为0，无须进行表内账务处理，仅需在表外登记衍生品名义本金。

（2）2023年12月31日

确认套期工具公允价值变动。

套期工具的公允价值=10 000 000×（7.1769−7.0823）=946 000元人民币

借：套期工具——外汇远期 946 000

　贷：其他综合收益——现金流量套期储备 946 000

（3）2024年2月29日

①确认套期工具公允价值变动

套期工具的公允价值=10 000 000×（7.1769−7.1036）=733 000元人民币

借：其他综合收益——现金流量套期储备 213 000

贷：套期工具——外汇远期 213 000

②以净额结算套期工具

借：银行存款——人民币户 733 000

贷：套期工具——外汇远期 733 000

③销售商品（暂不考虑税费影响）

销售商品收取款项=10 000 000×7.1036=71 036 000元人民币

借：银行存款——美元户 71 036 000

贷：主营业务收入 71 036 000

④将现金流量套期储备转入当期损益

借：其他综合收益——现金流量套期储备 733 000

贷：主营业务收入 733 000

套期工具产生的公允价值变动计入其他综合收益，并在商品销售时转入当期损益。本例中，套期工具估盈733 000元人民币，在销售商品时增加主营业务收入，最终收入为71 769 000元人民币，等同于外汇远期人民币交割金额。

（4）财务报表附注披露

①指定的套期工具如表4.24所示。

表4.24 指定套期工具

	2023年12月31日			资产负债表列示项目
	名义金额	公允价值		
		资产	负债	
汇率风险	—	—	—	—
外汇远期	1 769 000.00	946 000.00	—	衍生金融负债

② 现金流量套期下，被套期风险敞口及其对权益、损益影响情况如表4.25所示。

表4.25　被套期风险敞口及其对权益、损益影响情况

2023年年报披露

	套期工具			
	本年计入其他综合收益的套期工具公允价值变动	从现金流量套期储备重分类至当期损益的金额	包括重分类调整的利润表列示项目	现金流量套期储备
汇率风险	946 000.00	—	—	946 000.00

2024年年报披露

	套期工具			
	本年计入其他综合收益的套期工具公允价值变动	从现金流量套期储备重分类至当期损益的金额	包括重分类调整的利润表列示项目	现金流量套期储备
汇率风险	−213 000.00	733 000.00	—	—

注：上述信息披露中假设2024年未发生其他现金流量套期业务，2023年、2024年的其他综合收益和损益均因同一笔套期业务产生。

（5）损益分析

在从套期关系开始至套期关系终止的期间内，套期工具确认的其他综合收益–现金流量套期储备为贷方余额733 000元人民币，等于外币本金×（远期执行汇率–终止日的即期汇率）。由于被套期项目为预期交易，且该交易未确认资产或负债，故在套期关系终止时将其他综合收益–现金流量套期储备转入当期损益，最终主营业务收入累计确认金额为71 769 000元人民币，等同于外汇远期人民币交割金额。

（6）补充说明

企业在对预期销售交易进行现金流量套期时，也可选择外汇看跌期权作为套期工具，在不考虑对期权内在价值和时间价值进行拆分的情况下，其支付的期权费可视为开展套期所支付的成本。

由于期权合约本身的特殊性，买入期权的公允价值始终大于等于零（不考虑后付期权费对合约公允价值的影响），外汇看跌期权可将最终收取的人民币价格锁定为期权执行汇率，即在外币汇率升值期间，锁定商品销售主营业务收入的下限。

4.4.3.3 对比分析

通过比较上述两种应收账款的套期效果，可发现：

（1）对预期采购交易进行现金流量套期时，可选择外汇远期或外汇看涨期权作为套期工具。在不考虑相关税费的情况下，外汇远期作为套期工具时，会将未来采购发生时资产的初始确认金额锁定为外汇远期执行价格对应的金额；外汇看涨期权作为套期工具时，会将未来采购发生时资产的初始确认金额的上限锁定为外汇期权执行价格对应的金额。

（2）对预期销售交易进行现金流量套期时，可选择外汇远期或外汇看跌期权作为套期工具。

在不考虑相关税费的情况下，外汇远期作为套期工具时，会将未来销售发生时确认的主营业务收入锁定为外汇远期中执行价格对应的金额；外汇看涨期权作为套期工具时，会将未来销售发生时确认的主营业务收入下限锁定为外汇期权中执行价格对应的金额。

4.4.4 外汇远期中远期要素的会计处理

在套期保值业务中，无论是商品、权益、信用、外汇还是利率，金融衍生工具的价格与现货公允价值之间通常存在一定基差，导致套期保值效果很难达到100%有效。实务中，比较常见的是外汇远期中远期价格与即期价格之差（《24号准则》中称为“远期要素”）。外汇远期中的远期要素本质上是套期保值无效部分，实属企业套期保值的财务成本。因此，需将远期合同的远期要素和即期要素分开，只将即期要素的价值变动指定为套期工具。

此外，需明确被套期项目的性质，区分是与交易相关还是与时间段相关，据此进行不同的会计处理。第一，如被套期项目与交易相关，对其进行套期的外汇远期的远期要素具备该项交易成本特征。如果该被套期项目导致确认一项初始计量包含交易成本的项目，则外汇远期的远期要素价值应纳入特定的被套期项目的初始计量。与此类似，对预期交易或确定承诺商品销售的汇率风险进行套期的企业，应将远期要素价值作为销售成本的一部分，在被套期的销售确认收入的相同会计期间计入损益。第二，如被套期项目与时间段相关，企业应当将外汇远期的远期要素价值中与被套期项目相关的部分确认为其他综合收益，并按照合理方法在套期关系影响损益或其他综合收益的期间内摊销，摊销金额从其他综合收益中转出，计入当期损益。

对外汇远期的即期要素和远期要素进行拆分后，合约签订时（即套期关系指定日），可确定未来存续期内进行摊销的套期成本金额（与时间相关）；或明确在预期交易发生时，纳入被套期项目初始计量、转入销售成本的金额（与交易相关）为：（1）如为远期买入外币，则该金额=外币金额×（指定日即期汇率–合约约定汇率）；（2）如为远期卖出外币，则该金额=外币金额×（合约约定汇率–指定日即期汇率）。

在套期关系存续期内，远期要素价值与即期要素价值的关系为：远期合约公允价值=即期要素价值+远期要素价值，其中即期要素价值为：（1）如为远期买入外币，即期要素价值=外币金额×（当前估值日即期汇率–上一估值日即期汇率），即将远期买入货币视同为资产项进行处理；（2）如为远期卖出外币，即期要素价值=外币金额×（上一估值日即期汇率–当前估值日即期汇率），即将远期卖出货币视同为负债项进行处理。

本章将在上述案例4.3的基础上，假定企业将远期合同的远期要素和即期要素分开，只将即期要素的价值变动指定为套期工具，简要说明外汇远期中远期要素的会计处理方法。

应收账款公允价值套期下远期要素的会计处理

例4.7：承接上例4.3，A企业于2022年11月1日与某境外金融机构签订了一项3个月到期的外汇远期合同后，仅指定其中的即期要素作为套期工具，对5 000万美元的应收账款汇率风险进行公允价值套期。因企业进行套期的目的是为了规避未来3个月应收账款的汇率风险，由此可判断被套期项目与时间段相关，需将远期要素产生的套期成本在套期存续期内进行摊销（如表4.26所示）。

表4.26　远期合约条款

远期合约条款	
交易日	2022/11/1
交割日	2023/1/31
产品类型	远期结售汇
买入货币	CNY
买入货币金额	360 380 000.00
卖出货币	USD
卖出货币金额	50 000 000.00
合同价格（汇率）	7.2076

假定：（1）该套期符合运用套期会计的条件；（2）不考虑远期合同的折现因素；（3）不考虑相关税费影响。

甲公司每季度对应收账款汇率风险套期进行账务处理，相关市场数据如表4.27所示。

表4.27　相关市场数据

日期	即期汇率	远期汇率
2022/11/1	7.2081	7.2076
2022/12/31	6.9646	6.9644
2023/1/31	6.7604	—

（1）2022年11月1日

① 编制套期指定文件，对被套期项目科目余额进行结转，由于外汇远期合同、即期要素、远期要素的公允价值均为零，无须进行表内账务处理，仅需在表外登记衍生品名义本金。

被套期项目本币金额＝50 000 000×7.2081＝360 405 000元人民币

借：被套期项目——应收账款　360 405 000

　贷：应收账款　360 405 000

② 外汇远期要素产生的需摊销的套期成本＝50 000 000×（7.2076–7.2081）＝–25 000元人民币

（2）2022年12月31日

确认套期工具、远期要素和被套期项目的公允价值变动，同时将远期要素公允价值变动从其他综合收益摊销至当期损益。

① 确认套期工具的公允价值变动

即期要素价值＝50 000 000×（7.2081–6.9646）＝12 175 000元人民币

借：套期工具——外汇远期——即期要素　12 175 000

　贷：套期损益——套期工具　12 175 000

② 确认远期要素的公允价值变动

外汇远期的公允价值＝50 000 000×（7.2076–6.9644）＝12 160 000元人民币

远期要素价值=12 160 000−12 175 000=−15 000元人民币

借：其他综合收益——套期成本——远期要素 15 000

　贷：衍生工具——外汇远期——远期要素 15 000

③ 确认被套期项目的公允价值变动

被套期项目的公允价值变动=50 000 000×（6.9646−7.2081）=−12 175 000元人民币

借：套期损益——被套期项目 12 175 000

　贷：被套期项目——应收账款 12 175 000

④ 按照直线法将远期要素公允价值变动从其他综合收益摊销至当期损益

摊销损益=−25 000×2/3=−16 666.67元人民币

借：财务费用/管理费用 16 666.67

　贷：其他综合收益——套期成本——远期要素 16 666.67

（3）2023年1月31日

确认套期工具、远期要素和被套期项目的公允价值变动，对套期工具进行结算，将被套期项目转回原科目，同时将远期要素公允价值变动从其他综合收益摊销至当期损益。

① 确认套期工具的公允价值变动

即期要素价值=50 000 000×（7.2081−6.7604）=22 385 000元人民币

借：套期工具——外汇远期——即期要素 10 210 000

　贷：套期损益——套期工具 10 210 000

② 确认远期要素的公允价值变动

外汇远期的公允价值=50 000 000×（7.2076−6.7604）=22 360 000元人民币

远期要素价值=22 360 000−22 385 000=−25 000元人民币

借：其他综合收益——套期成本——远期要素 10 000

　贷：衍生工具——外汇远期——远期要素 10 000

③ 按照直线法将远期要素公允价值变动从其他综合收益摊销至当期损益

摊销损益=−25 000×1/3=−8 333.33元人民币

借：财务费用/管理费用 8 333.33

　贷：其他综合收益——套期成本——远期要素 8 333.33

④ 结算套期工具损益

借：银行存款 22 360 000

借：衍生工具——外汇远期——远期要素 25 000

　贷：套期工具——外汇远期——即期要素 22 385 000

⑤ 确认被套期项目的公允价值变动

被套期项目的公允价值变动=50 000 000×（6.7604−6.9646）=−10 210 000元人民币

借：套期损益——被套期项目 10 210 000

　贷：被套期项目——应收账款 10 210 000

⑥ 将被套期项目转回原科目

借：应收账款 338 020 000

  贷：被套期项目——应收账款 338 020 000

（4）财务报表附注披露

① 指定的套期工具如表4.28所示。

表4.28 指定套期工具

	2022年12月31日			资产负债表列示项目
	名义金额	公允价值		
		资产	负债	
汇率风险	—	—	—	
外汇远期——即期要素	360 380 000.00	12 175 000.00	—	衍生金融资产

② 在公允价值套期下，被套期项目信息如表4.29所示。

表4.29 被套期项目信息

	2022年12月31日				
	被套期项目的账面价值		被套期项目公允价值调整的累计金额		资产负债表列示项目
	资产	负债	资产	负债	
汇率风险	—	—	—	—	—
应收账款	348 230 000.00	—	—	12 175 000.00	应收账款

③ 开展公允价值套期产生的净收益/损失情况如表4.30所示。

2022年、2023年，公允价值套期中确认的套期无效部分产生的损益为零。

表4.30 开展公允价值套期产生的净收益/损失情况

	2022年	2023年
净收益 / 损失		
套期工具	12 175 000.00	10 210 000.00
被套期项目	–12 175 000.00	–10 210 000.00
套期无效部分	—	—

注：上述信息披露中假设2023年未发生其他公允价值套期业务，2022年、2023年的损益均因同一笔套期业务产生。

（5）损益分析

在从套期关系开始至套期关系终止的期间内，被套期项目确认的累计损失为22 385 000元人

民币，等于外币本金×（终止日的即期汇率－开始日的即期汇率）；套期工具确认的累计收益为22 385 000元人民币，等于外币本金×（开始日的即期汇率－终止日的即期汇率），被套期项目和套期工具的损益已完全抵消。而远期要素累计确认损失为25 000元人民币，即为套期付出的成本。

（6）补充说明

将外汇远期整体指定为套期工具时，其合计确认的损益金额为套期损益。而将外汇远期中的即期要素指定为套期工具时，最终累计产生的损益金额与将外汇远期整体指定为套期工具时一致，但从核算角度来看，其确认到套期损益科目中的金额为零，累计产生损益金额最终确认在了其他费用科目中。

4.4.5 外汇期权套期的会计处理

期权的价值包括内在价值和时间价值。内在价值，是指立即行权时因现货价格与行权价格之间的差异所带来的收益，最小为零。时间价值，是指期权的价值与内在价值之差，期权的时间价值随着期权到期日的临近而不断减少直至为零。

根据《24号准则》规定，企业使用买入期权进行套期，既可以将买入期权整体指定为套期工具，也可以将买入期权的内在价值和时间价值分开，只将期权内在价值变动指定为套期工具。企业仅指定期权内在价值变动为套期工具时，与期权时间价值相关的公允价值变动不再包含在套期工具的公允价值变动内，套期工具公允价值变动与被套期项目公允价值变动的相关性更高，从而可提高套期的有效性。如果企业只将买入期权的内在价值变动指定为套期工具，那么企业在会计核算时，不仅要根据不同套期类型对期权的内在价值变动按套期工具进行会计处理，还要根据套期的不同阶段对期权的时间价值变动进行相应的会计处理。

此外，需明确被套期项目的性质，区分是与交易相关还是与时间段相关，据此进行不同的会计处理。第一，如被套期项目与交易相关，对其进行套期的外汇期权的时间价值具备该项交易成本的特征。如果该被套期项目导致确认一项初始计量包含交易成本的项目，则外汇期权的时间价值应纳入特定的被套期项目的初始计量。与此类似，对构成预期交易或确定承诺商品销售的汇率风险进行套期的企业，应当将期权时间价值作为销售成本的一部分，在被套期的销售确认收入的相同会计期间计入损益。第二，被套期项目与时间段相关的，企业应当将期权时间价值中与被套期项目相关的部分确认为其他综合收益，并按照合理方法在套期关系影响损益或其他综合收益的期间内摊销，摊销金额从其他综合收益中转出，计入当期损益。

对期权的内在价值和时间价值进行拆分后，合约签订时（即套期关系指定日），可确定未来存续期内进行摊销的套期成本金额（与时间相关）；或明确在预期交易发生时，纳入被套期项目初始计量、转入销售成本的金额（与交易相关），为期权的初始价值，即买入期权的期权费金额。

在套期关系存续期内，期权内在价值与期权时间价值的关系为：期权价值＝期权内在价值＋期权时间价值，其中期权内在价值为：（1）如为看涨期权买入外币，期权内在价值＝MAX{外币金额×（当前估值日即期汇率－期权执行汇率），0}；（2）如为看跌期权卖出外币，期权内在价值＝MAX{外币金额×（期权执行汇率－当前估值日即期汇率），0}。

本章将在上述案例4.3的基础上，假定企业只将期权内在价值指定为套期工具，简要说明期权内在价值的会计处理方法。

4.4.5.1 指定期权整体作为套期工具对应收账款进行公允价值套期

例4.8：承接上例4.3，A企业评估未来3个月内的应收账款保持在5 000万美元以上，为防范应收账款汇率风险，A企业于2022年11月1日与某境外金融机构签订了一项3个月到期的外汇期权合同，指定期权整体作为套期工具，对5 000万美元的应收账款汇率风险进行公允价值套期（如表4.31所示）。

表4.31　期权合约条款

期权合约条款	
交易日	2022/11/1
交割日	2023/1/31
产品类型	欧式看跌期权
买入货币	CNY
买入货币金额	352 500 000.00
卖出货币	USD
卖出货币金额	50 000 000.00
合同价格（汇率）	7.05
期权费	1 650 000.00

假定：（1）该套期符合运用套期会计的条件；（2）不考虑相关税费影响。

甲公司每季度对应收账款汇率风险套期进行账务处理，相关即期汇率及期权价值如表4.32所示。

表4.32　相关即期汇率及期权价值

日期	即期汇率	期权价值
2022/11/1	7.2081	1 650 000.00
2022/12/31	6.9646	8 780 000.00
2023/1/31	6.7604	14 480 000.00

（1）2022年11月1日

编制套期指定文件，对被套期项目科目余额进行结转，同时确认买入期权的成本。

① 对被套期项目科目余额进行结转

被套期项目本币金额=50 000 000×7.2081=360 405 000元人民币

借：被套期项目——应收账款 360 405 000

　贷：应收账款 360 405 000

② 确认买入期权的成本

期权价值=期权买入成本=1 650 000元人民币

借：套期工具——外汇看跌期权 1 650 000

贷：银行存款——人民币户 1 650 000

（2）2022年12月31日

确认套期工具和被套期项目的公允价值变动。

① 确认套期工具的公允价值变动

套期工具的公允价值=8 780 000元人民币

借：套期工具——外汇看跌期权 7 130 000

贷：套期损益——套期工具 7 130 000

② 确认被套期项目的公允价值变动

被套期项目的公允价值变动=50 000 000×（6.9646−7.2081）=−12 175 000元人民币

借：套期损益——被套期项目 12 175 000

贷：被套期项目——应收账款 12 175 000

（3）2023年1月31日

确认套期工具和被套期项目的公允价值变动，对套期工具进行结算，将被套期项目转回原科目。

① 确认套期工具的公允价值变动

套期工具的公允价值=14 480 000元人民币

借：套期工具——外汇看跌期权 5 700 000

贷：套期损益——套期工具 5 700 000

② 结算套期工具损益

借：银行存款 14 480 000

贷：套期工具——外汇看跌期权 14 480 000

③ 确认被套期项目的公允价值变动

被套期项目的公允价值变动=50 000 000×（6.7604−6.9646）=−10 210 000元人民币

借：套期损益——被套期项目 10 210 000

贷：被套期项目——应收账款 10 210 000

④ 将被套期项目转回原科目

借：应收账款 338 020 000

贷：被套期项目——应收账款 338 020 000

（4）财务报表附注披露

① 指定的套期工具如表4.33所示。

表4.33　指定套期工具

	2022年12月31日			资产负债表列示项目
	名义金额	公允价值		
		资产	负债	
汇率风险	—	—	—	—
外汇期权——内在价值	352 500 000.00	8 780 000.00	—	衍生金融资产

② 在公允价值套期下，被套期项目具体信息如表4.34所示。

表4.34　被套期项目具体信息

	2022年12月31日				
	被套期项目的账面价值		被套期项目公允价值调整的累计金额		资产负债表列示项目
	资产	负债	资产	负债	
汇率风险	—	—	—	—	—
应收账款	348 230 000.00	—	—	12 175 000.00	应收账款

③ 开展公允价值套期产生的净收益/损失如表4.35所示。

表4.35　开展公允价值套期产生的净收益/损失

	2022年	2023年
净收益 / 损失		
套期工具	7 130 000.00	5 700 000.00
被套期项目	−12 175 000.00	−10 210 000.00
套期无效部分	−5 045 000.00	−4 510 000

注：上述信息披露中假设2023年未发生其他公允价值套期业务，2022年、2023年的损益均因同一笔套期业务产生。

（5）损益分析

在从套期关系开始至套期关系终止的期间内，被套期项目确认的累计损失为22 385 000元人民币，等于外币本金×（终止日的即期汇率–开始日的即期汇率）；套期工具确认的累计收益为12 830 000元人民币，等于外币本金×（期权执行汇率–终止日的即期汇率）–期权购入成本。

（6）补充说明

2022年和2023年，外汇看跌期权累计对冲了被套期项目产生的汇兑损益12 830 000元人民币；套期无效部分为9 555 000元人民币，等于外币本金×（期权执行汇率–开始日的即期汇率）–期权购入成本。由于将外汇看跌期权整体指定为套期工具，未拆分出期权时间价值，导致套期工具公允价值变动与被套期项目公允价值变动的相关性降低，增加了套期无效部分的损益金额。

4.4.5.2 仅指定期权内在价值作为套期工具对应收账款进行公允价值套期

例4.9：承接上例4.3，A企业评估未来3个月内的应收账款保持在5 000万美元以上，为防范应收账款汇率风险，A企业于2022年11月1日与某境外金融机构签订了一项3个月到期的外汇期权合同，仅指定期权内在价值作为套期工具，对5 000万美元的应收账款汇率风险进行公允价值套期。企业进行套期的目的是防范未来3个月应收账款的汇率风险，由此可判断被套期项目与时间段相关，需将期权时间价值在套期存续期内进行摊销（如表4.36所示）。

表4.36　期权合约条款

期权合约条款	
交易日	2022/11/1
交割日	2023/1/31
产品类型	欧式看跌期权
买入货币	CNY
买入货币金额	352 500 000.00
卖出货币	USD
卖出货币金额	50 000 000.00
合同价格（汇率）	7.05
期权费	1 650 000.00

假定：（1）该套期符合运用套期会计的条件；（2）不考虑相关税费影响。

甲公司每季度对应收账款汇率风险套期进行账务处理，相关即期汇率及期权价值如表4.37所示。

表4.37　相关即期汇率及期权价值

日期	即期汇率	期权价值
2022/11/1	7.2081	1 650 000.00
2022/12/31	6.9646	8 780 000.00
2023/1/31	6.7604	14 480 000.00

（1）2022年11月1日

编制套期指定文件，对被套期项目科目余额进行结转，同时确认购入期权的成本。

① 对被套期项目科目余额进行结转

被套期项目本币金额=50 000 000×7.2081=360 405 000元人民币

借：被套期项目——应收账款 360 405 000

　贷：应收账款 360 405 000

② 确认购入期权的成本

期权内在价值=MAX｛50 000 000×（7.05–7.2081），0｝=0元人民币

期权时间价值=期权购入成本–期权内在价值=1 650 000元人民币

借：衍生工具——外汇看跌期权——时间价值 1 650 000

　贷：银行存款——人民币户 1 650 000

（2）2022年12月31日

确认套期工具、期权时间价值和被套期项目的公允价值变动，同时将期权时间价值按照直线法从其他综合收益摊销至当期损益。

① 确认套期工具的公允价值变动

期权内在价值=MAX｛50 000 000×（7.05–6.9646），0｝=4 270 000元人民币

借：套期工具——外汇看跌期权——内在价值 4 270 000

　贷：套期损益——套期工具 4 270 000

② 确认期权时间价值变动

期权时间价值=8 780 000–4 270 000=4 510 000元人民币

借：衍生工具——外汇看跌期权——时间价值 2 860 000

　贷：其他综合收益——套期成本——期权时间价值 2 860 000

③ 确认被套期项目的公允价值变动

被套期项目的公允价值变动=50 000 000×（6.9646–7.2081）=–12 175 000元人民币

借：套期损益——被套期项目 12 175 000

　贷：被套期项目——应收账款 12 175 000

④ 按照直线法将期权时间价值从其他综合收益摊销至当期损益

摊销损益=1 650 000×2/3=1 100 000元人民币

借：财务费用/管理费用 1 100 000

　贷：其他综合收益——套期成本——期权时间价值 1 100 000

（3）2023年1月31日

确认套期工具、期权时间价值和被套期项目的公允价值变动，对套期工具进行结算，将被套期项目借转回原科目，同时将期权时间价值按照直线法从其他综合收益摊销至当期损益。

① 确认套期工具的公允价值变动

期权内在价值=50 000 000×（7.05–6.7604）=14 480 000元人民币

借：套期工具——外汇看跌期权——内在价值 10 210 000

　贷：套期损益——套期工具 10 210 000

② 确认期权时间价值变动

期权时间价值=0元人民币

借：其他综合收益——套期成本——远期要素 10 000

　贷：衍生工具——外汇看跌期权——时间价值 10 000

③ 按照直线法将远期要素公允价值从其他综合收益摊销至当期损益

摊销损益=1 650 000×1/3=550 000元人民币

借：财务费用/管理费用 550 000

　贷：其他综合收益——套期成本——期权时间价值 550 000

④ 结算套期工具损益

借：银行存款 14 480 000

　贷：套期工具——外汇看跌期权——内在价值 14 480 000

⑤ 确认被套期项目的公允价值变动

被套期项目的价值变动=50 000 000×（6.7604–6.9646）=–10 210 000元人民币

借：套期损益——被套期项目 10 210 000

　贷：被套期项目——应收账款 10 210 000

⑥ 将被套期项目借转回原科目

借：应收账款 338 020 000

　贷：被套期项目——应收账款 338 020 000

（4）财务报表附注披露

① 指定的套期工具如表4.38所示。

表4.38　指定套期工具

	2022年12月31日			资产负债表列示项目
	名义金额	公允价值		
		资产	负债	
汇率风险	—	—	—	—
外汇期权——内在价值	352 500 000.00	4 270 000.00	—	衍生金融资产

② 在公允价值套期下，被套期项目具体信息如表4.39所示。

表4.39　被套期项目具体信息

	2022年12月31日				
	被套期项目的账面价值		被套期项目公允价值调整的累计金额		资产负债表列示项目
	资产	负债	资产	负债	
汇率风险					
应收账款	348 230 000.00	—	—	12 175 000.00	应收账款

③ 开展公允价值套期产生的净收益/损失如表4.40所示。

表4.40　开展公允价值套期产生的净收益/损失

	2022年	2023年
净收益 / 损失		
套期工具	4 270 000.00	10 210 000.00
被套期项目	−12 175 000.00	−10 210 000.00
套期无效部分	−7 905 000.00	—

注：上述信息披露中假设2023年未发生其他公允价值套期业务，2022年、2023年的损益均因同一笔套期业务产生。

（5）损益分析

在从套期关系开始至套期关系终止的期间内，被套期项目确认的累计损失为22 385 000元人民币，等于外币本金×（终止日的即期汇率−开始日的即期汇率）；套期工具确认的累计收益为14 480 000元人民币，等于外币本金×（期权执行汇率−终止日的即期汇率）。期权时间价值摊销累计确认损失1 650 000元人民币，外汇看跌期权合计确认的损益金额为12 830 000元人民币。

（6）补充说明

2022年和2023年，外汇看跌期权累计对冲了被套期项目产生的汇兑损益14 480 000元人民币，套期无效部分为7 905 000元人民币，等于外币本金×（期权执行汇率−开始日的即期汇率）。在仅指定期权内在价值变动为套期工具时，套期工具公允价值变动与被套期项目公允价值变动的相关性更高，提高了套期的有效性。

5

套保案例分享

5.1 国内企业套期保值回顾

5.1.1 近十年上市公司套期保值回顾

2015年至2024年，近十年A股上市公司套期保值业务稳步发展，不仅体现在参与套期保值的公司数量持续攀升，还体现在上市公司套期保值参与率显著提高以及行业范围迅速扩大。从数量看，发布套期保值相关公告的中国A股上市公司数量明显增长，由2015年的224家增至2024年的1 503家，增幅高达571.0%。从参与度看，A股上市公司整体套保参与率由2015年的8.2%增至2024年的28.5%，上升20.3个百分点。其中，大型企业套保参与率由2015年的9.2%增至2024年的33.1%，上升23.9个百分点；中小微企业套保参与率由2015年的4.4%增至2024年的18.5%，上升14.1个百分点。这与国际宏观环境日趋复杂、中国外向型经济纵深发展、中国衍生品市场不断孕育壮大、企业风险中性理念走深走实等因素密切相关。从行业看，参与套期保值的实体行业A股上市公司行业覆盖范围迅速扩大，由2007年的5个增至2018年的29个，且2018年之后稳定全覆盖29个非金融实体行业。

2023年至2024年，非金融类A股上市公司共5 268家，其中1 503家发布套保公告，参与率28.5%。从企业规模看，大型企业、中型企业和小微企业的套期保值参与率分别为33.1%、20.5%和6.2%。从对冲风险类型看，参与套保的非金融类A股上市公司中提及汇率风险对冲的有1 241家，占全部非金融类A股上市公司总数的23.6%（套保参与率）；提及利率风险对冲的有478家，相应套保参与率为9.1%；提及商品价格风险对冲的有455家，相应套保参与率为8.6%。综上，大型企业参与套期保值意愿更强，同时企业对冲汇率风险需求更大。

5.1.2 2024年上市公司套期保值概况

5.1.2.1 套保公告情况

2024年，共有1 506家实体行业A股上市公司发布衍生品使用相关公告约3 940条，其中1 503家上市公司发布与套期保值相关公告约3 920条。

从发布时间看，第二季度发布最多，为1 880条；其次是第一季度，为860条；再次是第四季度，为710条；最少的是第三季度，为460条。

从公告内容看，关于业务开展的公告最多，共1 656条；其后分别是可行性分析（1 071条）、保荐核查（623条）、管理制度（380条）、专项报告（104条）、交易额度（76条）、进展报告（15条）以及独立董事意见（3条）。

从衍生品使用目的看，1 506家发布衍生品使用相关公告的企业中，目的为套期保值的共1 488家，目的为投机（投资）的有3家，还有15家兼具套期保值和投机（投资）目的。

从对冲风险类型看，汇率风险、商品风险和利率风险仍是上市公司群体关注的前三大风险，发布套期保值相关公告的上市公司中，提及汇率套保的有1 241家，提及商品价格套保的有455家，提及利率套保的有478家，提及权益风险的仅有1家（如图5.1所示）。

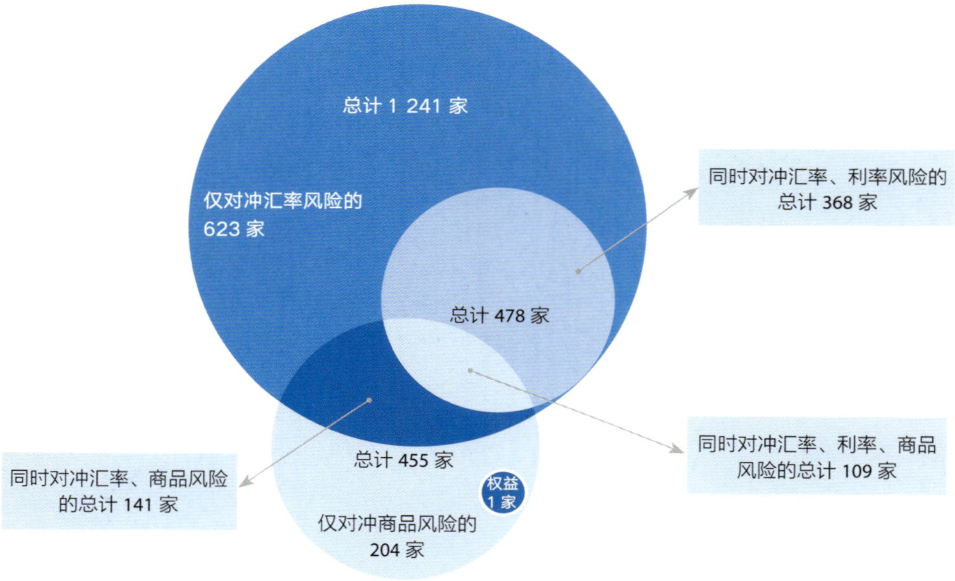

图5.1　上市公司对冲风险类型分布情况

从套保工具看，发布套期保值相关公告的上市公司中，有1 237家提及使用远期工具进行套保，有976家提及期权，有958家提及互换，有515家提及期货。

从套保额度看，实体行业A股上市公司公告中提及的套期保值额度总计约3.4万亿元，其中，外汇套保额度约为3.0万亿元，商品套保额度约为2 890亿元，利率套保额度约为50亿元，未分类额度约为820亿元。从额度分布看，整体上绝大多数公司套保额度介于1亿元到10亿元之间，其中，大多数公司外汇套保额度介于1亿元到10亿元之间，大多数公司商品套保额度在1亿元以下。

5.1.2.2 公司规模

2024年，实体行业A股上市公司发布套期保值相关公告的企业中，大型企业1 200家，占比79.8%；中型企业289家，占比19.2%；小微企业14家，占比不足1%。综上，2024年大型企业是套期保值主力军。

2024年，实体行业A股上市公司发布套期保值相关公告中提及汇率风险对冲的有1 241家，其中，大型企业1 005家，占比81.0%；中型企业228家，占比18.4%；小微企业8家，占比不足1%。综上，2024年大型企业是汇率风险套期保值主力军（如图5.2、图5.3所示）。

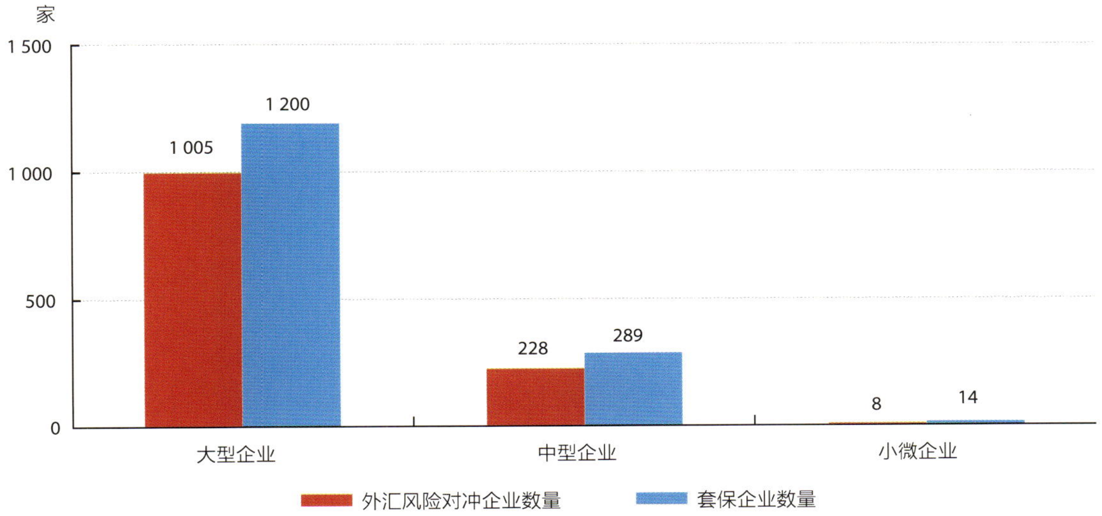

图5.2　按公司规模统计外汇风险对冲企业数量和套保企业数量情况

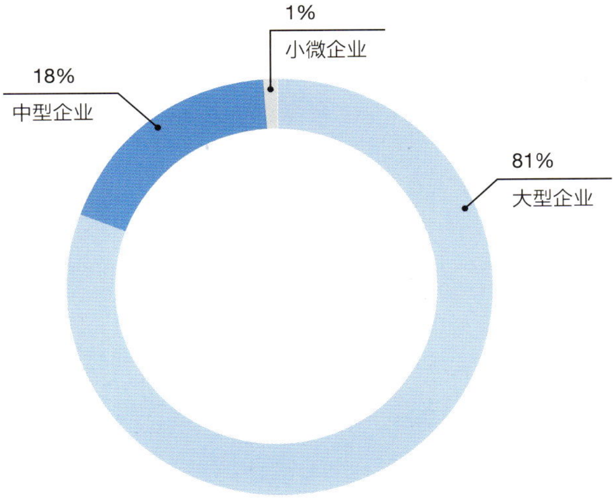

图5.3　开展外汇风险对冲的上市公司规模分布情况

5.1.2.3 行业分布

2024年，从发布套期保值相关公告的A股上市公司所属实体行业看，位居前十的行业依次是：电子、电力设备、基础化工、机械设备、医药生物、汽车、有色金属、轻工制造、家用电器和计算机。从参与度看，有色金属行业套保参与意愿最强，参与率达60.0%。

2024年，从套期保值相关公告中提及汇率风险对冲的A股上市公司所属实体行业看，位居前十的行业依次是：电子、机械设备、基础化工、电力设备、汽车、医药生物、轻工制造、有色金属、家用电器和计算机。从参与度看，家用电器行业汇率风险套保参与意愿最强，参与率约达63.2%（如图5.4所示）。

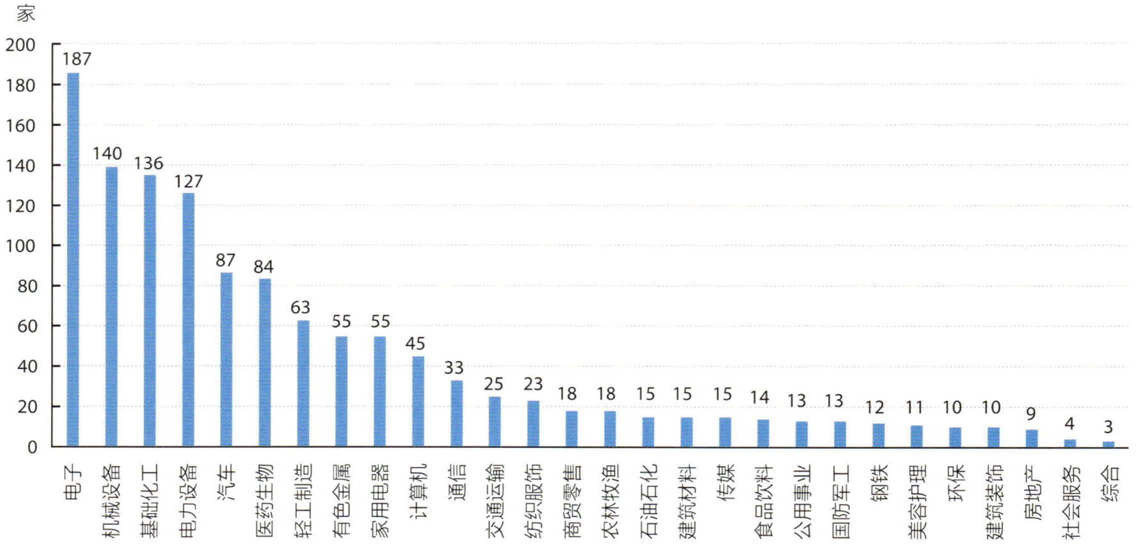

图5.4　开展外汇风险对冲的上市公司行业分布情况

5.1.2.4 所有制分布

2024年，实体行业A股上市公司发布套期保值相关公告的企业中，民营企业1 045家，占比69.5%；国有企业（中央国有企业和地方国有企业）296家，占比19.7%；公众企业80家，占比5.3%；外资企业68家，占比4.5%；集体企业11家，占比0.7%；其他企业3家，占比0.2%。综上，民营企业是套期保值主力军。从参与度看，集体企业、民营企业和外资企业列前3位，参与率分别为39.3%、29.7%和26.3%。

2024年，从套期保值相关公告中提及汇率风险对冲的A股上市公司所有制类型看，民营企业877家，占比70.7%；国有企业（中央国有企业和地方国有企业）226家，占比18.2%；公众企业69家，占比5.6%；外资企业57家，占比4.6%；集体企业9家，占比0.7%；其他企业3家，占比0.2%。综上，民营企业是汇率风险套期保值主力军。从参与度看，集体企业、民营企业和外资企业列前3位，参与率分别为32.1%、25.0%和22.0%（如图5.5、图5.6所示）。

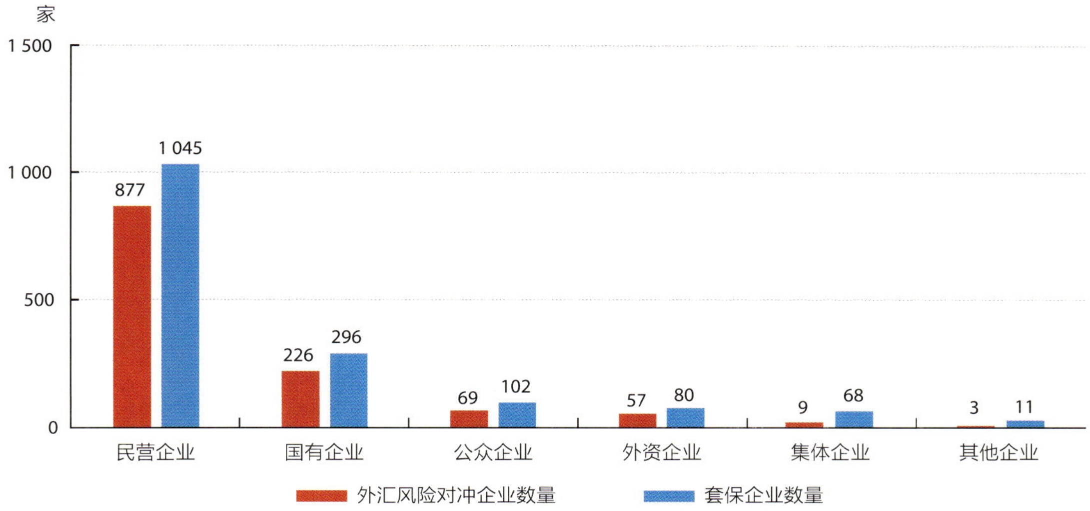

图5.5 按所有制类型统计外汇风险对冲企业数量和套保企业数量情况

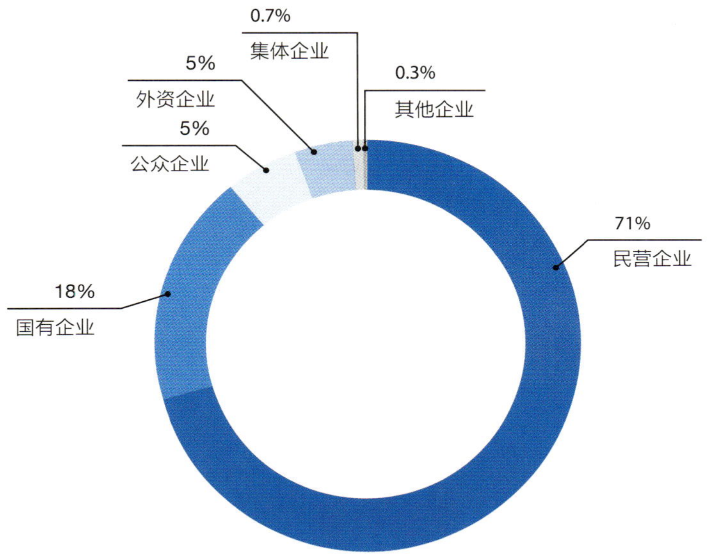

图5.6 外汇风险对冲企业所有制类型分布情况

5.1.2.5 地域分布

2024年，从发布套期保值相关公告A股上市公司所属地域的公司数量看，位居前五的依次是：广东、浙江、江苏、上海和山东。从参与度看，广东最高，约为39.0%；其次是浙江、江苏、山东和福建等；西藏、吉林、甘肃的套保参与率最低，不足10%。

2024年，从套期保值相关公告中提及汇率风险对冲的A股上市公司所在地域的公司数量看，位居前五的依次是：广东、浙江、江苏、上海和山东。从参与度看，浙江最高，约为34.4%；其次是广东、福建、江苏和山东等；西藏、陕西、山西、宁夏、吉林、甘肃、黑龙江和青海汇率风险对冲参与率均较低，不足10%（如图5.7所示）。

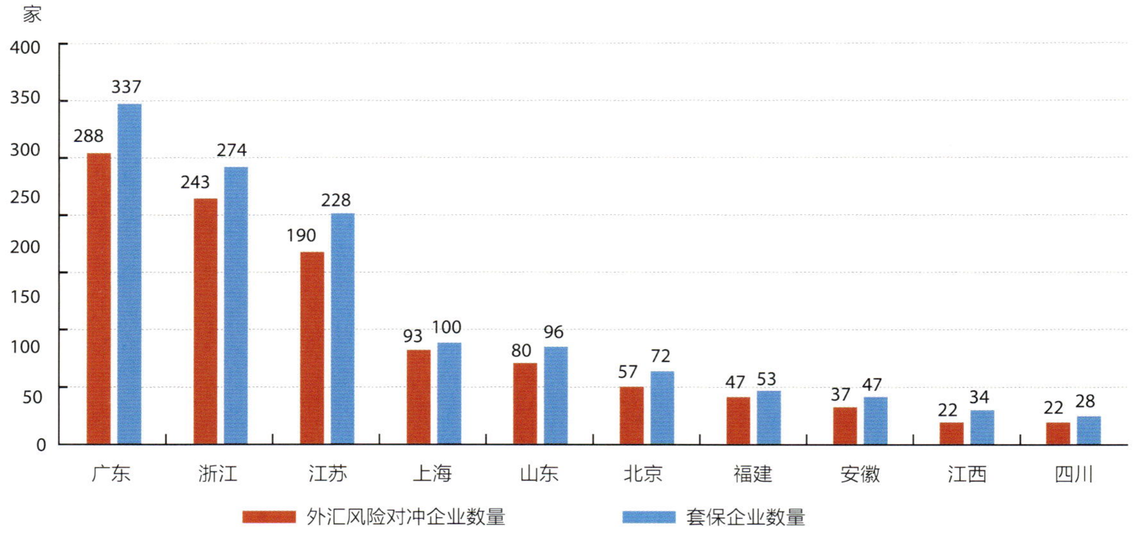

图5.7　套保上市公司所在地域分布情况

根据上述实体行业A股上市公司针对汇率风险进行套期保值的情况，结合我国外向型经济特征，下文遴选了5个重点行业（分别是有色金属、家用电器、电力设备、电气与自动化、汽车制造）的上市公司作为案例研究对象，通过梳理分析，总结其在汇率风险管理，特别是汇率风险套期保值实务中宝贵经验的同时，深刻剖析套期保值业务的潜在风险和痛点难点，助力相关行业企业建立健全汇率风险管理体系和套期保值管理机制，提高主动风险管理水平，增强全球化经营能力，达到高质量发展目标。

5.2 国内企业案例

5.2.1 案例一：A集团外汇套期保值案例

5.2.1.1 企业概况

（1）企业基本情况

A集团是目前国内集铜采选、冶炼、加工、贸易于一体的产业链最完整的综合性铜业生产企业之一，在矿产资源储备、铜冶炼、加工等方面具有独特竞争优势，分支机构逾20家，对外投资企业近50家。

（2）涉外业务情况

① 对外贸易情况

A集团以上海和香港贸易融资平台为基础，积极参与国际铜市场，拓展大宗商品贸易规模，先后与30多个国家和地区建立了经济技术和贸易合作关系，数十种产品销往日本、德国、美国、新加坡等10多个国家和地区。“十四五”以来，公司进出口贸易额近400亿美元，2023年近150亿美元。

② 对外投资情况

A集团于21世纪初开始走出国门、对外投资，施工版图拓展至非洲、欧洲、亚洲等。“十四五”以来，累计签订海外工程合同金额近15亿美元；海外投资总额近150亿元，海外投资项目、工程建设项目20余个。通过对外投资项目，在大幅提升资源自给能力的同时，夯实了我国战略资源及关键基础材料“硬支撑”。

③ 生态构建情况

第一，A集团坚持“抱团、造船”出海，以海外项目建设为契机，引导推动产业链关联产业

（如井巷施工、建筑安装、信息科技、设备制造等）走出国门，开拓国际市场，“走出去”产业圈不断扩大。第二，通过收购海外优质企业，整合国内产业资源，打通参与国际市场竞争的通道。第三，A集团与央企建立了稳定的战略合作关系，开创了国外原料运输及进口通关新模式，提升了我国产业链韧性和安全水平。

（3）商业模式

目前，A集团的主营产品有以下两种经营方式。

第一，自给自足式。即公司自产矿，经洗选、冶炼加工成产成品后对外销售，涉及开采、洗选、粗炼、精炼整个采炼流程。此模式下，因自身有完整供应链，商品价格风险相对可控，盈利能力主要受产成品销售价格波动影响。

第二，内外结合式。即公司外购精矿，经粗炼、精炼成产成品后对外销售，原材料主要通过外部采购，生产、加工、销售自主实现。此模式下，原材料采购包括国内和国外（如美国、日本等），进口原材料使公司面临着汇率风险。产成品销售包括现货零售和长期合同等，产品销往国内和海外市场（如法国、加拿大、卢森堡、厄瓜多尔等），外销产品使公司面临着商品价格波动风险和汇率风险。综上，盈利能力主要受原材料、待销产品的商品价格波动及汇率波动影响。

（4）潜在风险

① 汇率风险

A集团原料进口占比较高、部分产品销往国外、海外项目增多等，目前外币结算币种包括美元、欧元、港元、日元和加拿大元等，其中美元约占98%。一般情况下，公司进口采用美元计价，国内销售采用人民币计价，购销环节存在币种错配，则汇率波动将对公司经营业绩造成较大影响。

② 商品价格风险

A集团大部分原材料通过外部采购，部分销售是长期合同，导致订单、账期不确定性显著上升。原材料价格和产品销售价格的波动均会对公司对外贸易营业收入产生影响。

5.2.1.2 汇率风险管理体系

（1）组织架构

A集团采用“决策层、管理层和执行层”三级架构对外汇资金交易业务进行管理。第一，决策层。董事会或股东大会负责审批远期外汇资金交易业务。第二，管理层。成立外汇业务管理专业小组，在公司董事会或股东大会授权范围内，负责远期外汇资金交易业务管理与运作，定期向董事会、监事会报告远期外汇交易业务情况；财务部作为远期外汇资金交易业务主管部门，负责远期外汇资金交易业务的计划制订、套保方案审核、合同订立、风险评估及控制等；法律合规部负责检查远期外汇资金交易业务的实际操作情况、资金使用情况及盈亏情况等；董事会秘书室负责远期外汇资金交易业务信息披露工作。第三，执行层。贸易分公司与全资子公司在董事会或股东大会授权范围内，具体执行远期外汇资金交易业务（如图5.8所示）。

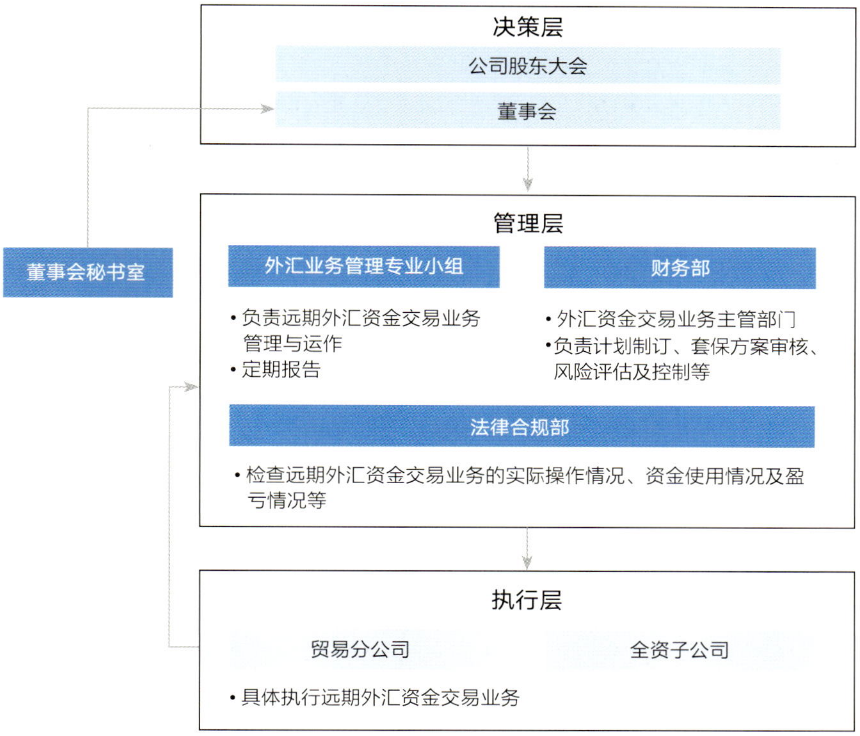

图5.8　A集团外汇资金交易业务组织架构

（资料来源：A集团2024年半年报）

（2）政策制度

A集团制定了《远期外汇资金交易业务管理制度》，作为公司开展外汇套期保值业务的指导性文件，内容包括办理原则、审批权限、操作流程、风险管理和信息披露等。

（3）授权审批

所有外汇资金交易业务操作由财务部根据情况提出申请，并严格按照公司内部控制流程进行审核、批准。

① 公司须在董事会或股东大会批准的额度范围内开展远期外汇资金交易业务，不得超范围操作。

② 公司董事会审计委员会负责审查远期外汇资金交易业务的必要性及风险控制情况。公司远期外汇资金交易业务在提交董事会审议前应当得到董事会审计委员会同意。

③ 公司年度远期外汇资金交易额度须提交董事会审议，董事会审议通过后方可执行。

④ 公司年度远期外汇资金交易额度如超过董事会权限范围，须由公司董事会审议通过后提交股东大会审核，股东大会审议通过后方可执行。

⑤ 公司仅授权其全资及控股子公司开展远期外汇资金交易业务，未经同意，其他子公司不得进行远期外汇资金交易。

（4）风险管理

A集团不断建立健全风险管理机制，包括建立外汇资金交易业务台账，识别、计量、监测风险敞口，建立内部报告及监督机制等；公司将风险管理要求嵌入流程，加强对业务流程、交易流程、管理流程和决策流程的控制；设立风险控制专岗，通过业务授权、岗位制衡等防范控制风险。

5.2.1.3 套期保值管理体系

（1）套保策略

A集团根据公司整体风险偏好和风险管理目标，结合业务实际，制定套期保值策略。一是套保目标。通过套期保值主动对冲风险，减少汇率风险敞口，降低不确定性对经营成果的影响。二是择机策略。根据年度经营预算、进出口业务计划和资金市场走势等，择机开展外汇套期保值业务。

（2）套保方案

① 满足实需。套保方案须满足真实业务需要，基于公司现有外币负债规模和未来外币收付款需求等，明确与之匹配的交易金额和交割时间。

② 匹配工具。针对具体业务场景，择优选择外汇远期、外汇掉期、货币互换、外汇期权或期权组合等工具，降低套期交易成本。外汇资金交易期限原则上控制在一年以内，且与公司外币收付款需求和负债到期日匹配。

（3）套保流程

为提升汇率风险管理的规范性和有效性，A集团外汇套保流程分为交易前、交易中和交易后三个阶段。

① 交易前

业务授权：每年初，公司董事会或股东大会审议批准当年外汇资金交易业务额度。

敞口预测：各经营单位根据客户订单和预计订单，提交年度外汇收付款预测数据，作为制订套保方案的基础。

套保方案制订与审批：根据汇率走势和金融机构报价，制订与实际业务匹配的外汇套保方案，提交外汇业务管理专业小组审批，确保在授权范围内开展业务。

② 交易中

交易申请：根据审批通过的套保方案，在金融机构平台公开询价并提交交易申请，签订相关合同或约定书。

价格确认：金融机构确定交易价格并与公司确认。

交易确认：核对金融机构的成交通知书，确保与申请一致；若出现异常，需及时核查并报告。

③ 交易后

交易后处理：建立远期外汇交易台账，记录每笔交易，安排交割资金，杜绝违约风险。

动态监测：持续监测外汇市场波动，定期评估套保方案有效性，及时进行套期关系再平衡，

定期向外汇业务管理专业小组报告风险及损益情况。

内部审计：审计部门定期检查交易操作、资金使用及损益情况，并向管理层报告。

档案管理：及时归档相关合同和单据。

5.2.1.4 相关启示

第一，A集团通过构建海内外生态圈，提升产业链韧性，稳定原材料采购价及产品销售价格，降低商品价格波动风险。

第二，A集团通过自给自足商业模式，减少采购端和销售端币种错配，降低汇率波动风险。

第三，A集团对套保业务进行集中统一管理，采用“决策层、管理层、执行层”三级架构管理套期交易，提升了套期保值业务管理质效。

5.2.2 案例二：M集团外汇套期保值案例

5.2.2.1 企业概况

（1）企业基本情况

M集团是一家覆盖工业技术、机器人、自动化、智能家居的全球化科技集团，在全球拥有近500家子公司、近百个研发中心和制造基地、近四万名海外员工，业务遍及200多个国家和地区，每年服务全球用户超5亿。海外业务收入近千亿元，约占整体营业收入近一半，海外业务收入增速高于国内，汇兑损益约占海外业务收入的2%。

（2）涉外业务情况

① 对外贸易情况

M集团以沪、深园区为基础，在智能家居领域不断拓展业务范围，为美国、日本、德国、意大利等200多个国家和地区的客户提供数十种家用电器产品与服务。

② 对外投资情况

21世纪初，M集团通过自建工厂、研发布局、跨国并购、品牌运营等方式，着手布局全球研发、制造及销售体系，目前已形成完善的海外“4+N”研发创新架构及海外线上、线下销售网络，实现了全球生产和交付。此外，M集团还通过战略收购和合资合作不断深化全球业务布局，其海外自有品牌业务增长迅速，目前已达其海外智能家居业务收入近一半，展现出较强竞争力。

③ 生态构建情况

一是M集团通过委托生产的方式，与国际知名家电巨头（如松下、三星、LG等）进行出口贸易，逐步拓展海外市场。二是通过技术合作、资本合作、合资建厂等方式，与日本、意大利、美国等国际品牌合作，M集团逐步掌握家用电器产业链核心技术，在海外市场中保有一定竞争力。三是通过海外自建工厂、跨国收购兼并、品牌运营等方式，M集团着力构建开放式创新生态平台，通过整合全球优势技术资源，形成全球创新体系。

（3）商业模式

目前，M集团的主营产品有以下两种经营方式。

第一，中国供全球模式。即在国内生产、加工成产成品后对外销售，涉及消费电器、机器人、自动化系统和其他制造业产品等。在此模式下，从海外（如日本、巴西、越南）进口原材料导致企业面临汇率风险和商品价格波动风险。从中国销往海外国家和地区（如美国、日本、欧洲）所需承担的运输、仓储、营销等成本，也会让企业面临汇率风险。

第二，区域供区域模式。M集团通过建立海外区域团队（包括研发中心、制造基地、工厂仓库和营销渠道等），实现了海外本地化全价值链运营。在此模式下，原材料采购、建厂和人工成本可用当地货币完成，汇率风险相对较小。但海外生产、投资建厂等活动，会使集团的外币资产负债面临汇率风险和利率风险。

（4）潜在风险

① 汇率风险

一是M集团海外营业收入占其总营业收入比例近一半，外币收入占比高且涉及多种货币（如美元、日元、欧元、巴西雷亚尔等），而成本端大部分由人民币支付。收入与支出币种的错配致使当汇率波动大时，将对公司利润产生较大影响。二是汇率波动会导致未结算业务和预期外币交易在结算时出现风险。三是为布局海外生产研发基地，M集团持有大量外币货币资金，在进行货币转换时因受汇率波动影响会出现账面价值变动。

② 商品价格风险

针对部分从国外进口的大宗原材料，现货市场交易价格的波动会影响集团对外贸易营业收入水平。

③ 利率风险

M集团在海外投融资活动中持有以美元、日元、港元、欧元、巴西雷亚尔等币种计价的外币负债（长期借款约40亿美元），负债货币的利率、汇率波动会使M集团面临较大市场风险。

5.2.2.2 汇率风险管理体系

（1）组织架构

M集团采用集约化管理方式，在集团董事局授权下通过三级管理架构对汇率风险进行管理。第一，集团董事局授权集团财务部门负责汇率风险的集中管理。第二，集团财务部门负责制定汇率风险管理的原则、政策及制度，牵头建立汇率风险管理体系，对市场风险、操作风险等进行监控。第三，集团资金中心作为集团汇率风险管理运作平台，负责政策制度的贯彻落实，以及银行授信额度、对冲产品的管理、操作和报告。第四，各经营单位负责报送风险敞口的滚动预算，并制订本单位的风险对冲方案（如图5.9所示）。

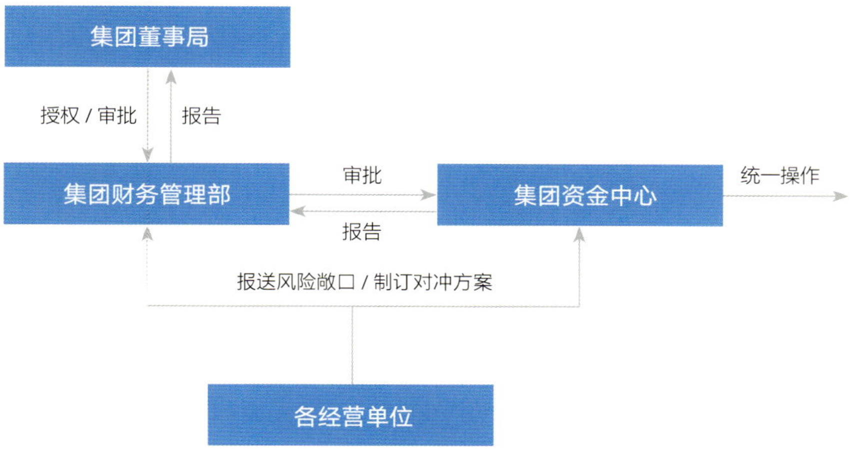

图5.9 M集团汇率风险管理组织架构

（2）政策制度

为加强对集团汇率风险的统一管理，M集团制定了《外汇资金衍生品业务管理办法》，就汇率风险管理的原则、职责分工、对冲管理和监控报告等进行了明确规范。

（3）授权审批

M集团所有的外汇资金交易业务由集团财务部门和资金中心负责统一操作，需遵循严格的授权、申请、审批流程。

① 集团董事局授权集团财务部门对外汇资金衍生品业务进行集中管理。

② 集团财务部门将集团年度外汇衍生品业务交易额度建议提交集团董事局审议，待审议通过后执行。

③ 各经营单位根据本单位汇率风险敞口情况向集团财务部门报送本单位风险对冲策略及方案，经集团财务部门审批通过后，由集团资金中心统一对外操作。未经集团财务部门同意，任何单位不得直接对外开展资金业务。

④ 对于不具备由集团资金中心进行对冲操作条件的经营单位，经集团财务部门批准后，可通过当地银行进行对冲操作。

（4）风险管理

M集团通常采用金融性对冲策略和经营性对冲策略管理汇率风险。

① 金融性对冲策略：M集团主要通过运用远期结售汇、NDF、外汇期权、期权组合、货币互换等金融衍生工具对冲风险敞口，降低汇率波动对现金流和财务报表的影响。

② 经营性对冲策略：为主动管理汇率风险，M集团通过调整运营模式和财务结构，优化业务布局，降低汇率风险。管理方式包括风险敞口集中管理、风险转嫁与分担、选择适宜的合同计价货币和全球经营布局策略等。

一是风险敞口集中管理。集团财务部门统一管理全集团汇率风险敞口，将债权、债务进行自然对冲后，再与银行交易对冲剩余敞口风险。

二是风险转嫁与分担。经营单位与供应商或客户签订购买或销售合同时，通过谈判将部分外汇成本纳入合同报价中。

三是选择合同计价货币。签订合同时，选择通用性强、币值稳定的币种（如美元、欧元等），避免选择难以兑换的小币种。

四是构建全球经营网络。通过布局全球物流体系和服务体系，降低外币资产、负债币种错配，提升外汇收、支一致性，实现经营性自然对冲。

5.2.2.3 套期保值管理体系

（1）套保策略

为确保集团持续稳健发展，M集团根据业务实际和集团整体风险偏好，结合进出口收付汇业务汇率风险管理目标，制定套期保值策略。M集团制定套期保值策略，以已确定和适当预估的风险敞口为基础，分阶段进行风险对冲，并根据业务和外汇市场变化情况进行动态管理。

（2）套保方案

① 业务匹配。所有外汇资金业务均以正常合理的进出口业务为基础，收付款时间相匹配。

② 敞口匹配。经营单位以自身风险敞口测算数据为基础，制订风险对冲策略和方案。

③ 额度确定。根据进出口情况及经营预算，设置远期结售汇、NDF、外汇期权、期权组合、货币互换等拟交易余额限额，并按比例分阶段进行对冲。

④ 币种选择。选择主流货币（如美元、日元、港元、欧元）作为合同计价货币。针对新兴市场国家货币（如巴西雷亚尔、埃及镑等），将衍生工具作为补充或备用工具对冲风险。

⑤ 工具匹配。为有效规避汇率风险，针对具体业务场景，选择最适配的套期工具（如远期、期权、期权组合、货币互换等），外汇资金业务期限原则上在一年以内。

（3）套保流程

M集团外汇套保流程分为交易前、交易中和交易后三个阶段。

① 交易前

业务授权：每年初，集团董事局审批本年度外汇衍生品业务议案，确定当年外汇套保额度。

敞口预测：经营单位根据出口目标、出口订单情况、进口采购情况、投融资情况等，对汇率风险敞口进行滚动测算，作为对冲业务基础，每月报送集团财务部门和资金中心。

套保方案制订与审批：经营单位负责本单位套保决策，制订套保方案，上报集团财务部门审批。

对冲申请：集团财务部门根据经营单位实际情况，向集团资金中心提出对冲操作申请，并配合相关业务操作。

② 交易中

交易申请：根据审批通过的套保方案，集团资金中心据此执行，并向金融机构提交交易申请，签订相关合同或协议。

价格确认：金融机构就交易进行报价，并与集团资金中心确认。

交易确认：集团资金中心核对金融机构的成交通知书，确保与交易申请一致。若出现异常，

需及时核查并报告。

交易完成信息确认：集团资金中心将已完成的套保交易信息回传至集团财务部门和相应经营单位，进行信息确认。

③ 交易后

交易后处理：集团资金中心通过建立外汇衍生品交易台账，记录每笔交易信息，据此安排资金交割，避免违约风险。

动态监测：经营单位持续监测外汇市场走势，定期评估风险敞口情况和套保方案有效性，按月向集团财务部门和资金中心进行报告。

定期报告：集团财务部门和资金中心协同监控整体汇率风险，每月上旬编制完成集团汇率风险管理报告。

内部审计：集团审计部门定期检查交易操作、资金使用及损益情况，并向高级管理层报告。

档案管理：相关机构及时整理归档合同、单据等文件。

5.2.2.4 相关启示

第一，组织架构。M集团通过采用“集团高级管理层、集团财务部门和资金中心、各经营单位”三级分层方式，管理汇率风险，开展外汇套期保值工作，较好地防范了单一机构或个人的操作风险和道德风险，有利于全程风险控制，继而提升套保质效。

第二，经营模式。M集团采用“中国供全球、区域供区域”的经营模式，通过拓展海外布局，利用当地货币进行资金收付和材料采购，降低了汇率风险和商品价格波动风险。

第三，对冲策略。M集团采用金融性对冲策略和经营性对冲策略相结合的方式，从短期、长期两个层面全面管理汇率风险。

5.2.3 案例三：C公司外汇套期保值案例

5.2.3.1 企业概况

（1）企业基本情况

C公司是全球领先的新能源创新科技公司，主要从事动力电池及储能电池的研发、生产及销售，拥有行业领先的传统能源替代技术优势与研发能力。

（2）涉外业务情况

① 对外贸易情况

C公司主要出口锂电池和储能产品，出口市场分布于欧洲、北美和东南亚等地区。近年来储能业务发展迅速，成为新增长亮点；动力电池出口受欧美需求减少而增速放缓，但在部分新兴市场国家（如东盟）和“一带一路”共建国家增长较快。

② 对外投资情况

C公司以欧洲作为海外市场核心，在德国、匈牙利、西班牙三地建厂生产锂电池等（投资超百亿欧元），辐射满足当地车企需求。同时，C公司还计划在美国、墨西哥、印度尼西亚等地投资

建厂。通过全球化布局，C公司在锂、镍等核心资源上建立了多元化供应体系，可应对原材料价格波动和供应紧缺的挑战。此外，C公司矿产业务主要涉及阿根廷、非洲刚果（金）、玻利维亚、加拿大以及印度尼西亚等国家和地区。

（3）商业模式

C公司涉外业务主要包括以下三种模式。

第一，直接出口与产业链整合。在推进海外锂、镍（如镍矿等）资源收购的同时，由福建等国内生产基地将产品出口至全球，通过强化供应链管理，提升供应链安全，降低原材料价格波动风险。

第二，合作建厂与技术授权。在满足区域需求、破除贸易壁垒的情况下，迅速切入本地市场，与下游车企建立授权合作关系，通过在当地建厂完善本地化生产布局。

第三，市场拓展与渠道协同。在巩固北美、欧洲储能产品销售高增长态势的同时，积极推进跨境电商，建立海外仓，构建全球市场营销网与物流网，不断扩大东盟、中东、拉美等新兴市场国家份额。

（4）潜在风险

① 汇率风险

C公司海外业务收入占比高且攀升快，但海外工厂投资规模大，且需支付外币设备采购款并偿还债务，故外币资金缺口压力较大。若人民币贬值，以美元、欧元等外币结算的支付款项和债务或将导致公司财务成本整体上升。

② 商品价格风险

近年来，C公司主产品动力电池的核心原料碳酸锂价格受供应链重组及物流成本上升影响暴涨，而锂电池又因供需关系、地缘政治及投机活动等因素价格暴跌。锂、镍、钴、铜作为C公司产品主要原材料，其价格波动直接影响了电池生产成本。

5.2.3.2 汇率风险管理体系

（1）治理架构

为提升风险管理的有效性，C公司建立了汇率风险“最高治理层”与“三道防线”相结合的治理架构，明确了相关部门的风险管理职责。一是董事会作为公司风险管理的最高决策机构，负责明确企业整体风险偏好和容忍度，设定公司汇率风险管理总体目标。二是业务部门为第一道防线，负责识别所辖业务范围内的关键风险点，合理评估与控制汇率风险，及时报告风险变化情况。三是风险管理部门为第二道防线，负责制定汇率风险管理要求，监督第一道防线的风险管理要求执行情况，并按需进行指导。四是内部审计部门为第三道防线，负责就重大风险管理与内部控制工作的有效性出具独立客观的稽查与审核意见，并直接向董事会汇报有关情况（如图5.10所示）。

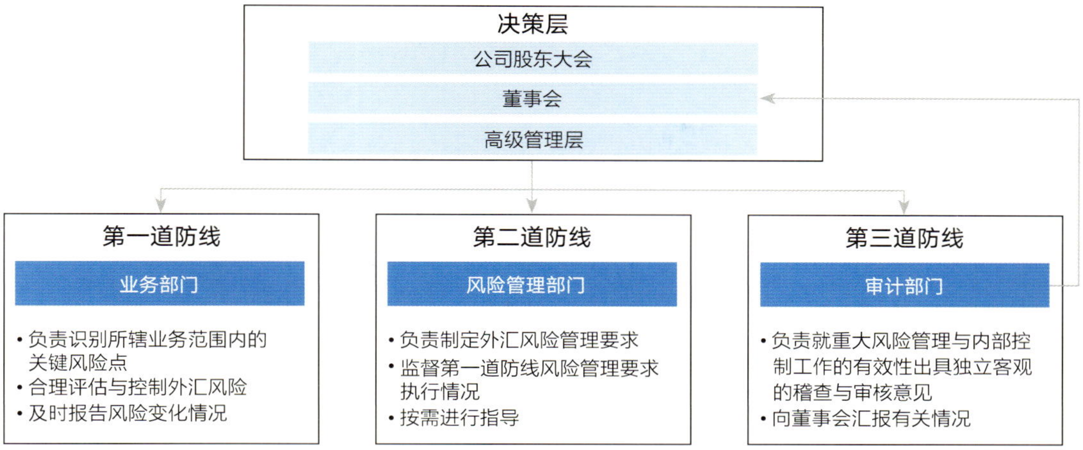

图5.10　C公司汇率风险治理架构

（2）政策制度

为有效管理企业风险，C公司制定了《企业风险管理办法》和《企业风险管理框架》，同时，与主要业务银行签订了《代客风险管理业务协议》，委托银行就金属镍进行远期交易，以对冲上游原材料价格风险。

（3）风险管理流程

C公司建立了风险管理闭环，按照全流程对汇率风险进行全方位管理，定期进行评估并研究应对策略。

① 风险识别。业务部门根据业务实际，结合内外部风险信息等，定期进行汇率风险识别。风险管理部门针对业务部门的需求，提供风险管理方法支持与工作指引。

② 风险分析。业务部门从风险发生可能性、影响程度等方面对已识别的汇率风险进行分析。在考虑固有风险、现有风险缓释措施的基础上分析剩余风险，评估其是否在可承受范围内。

③ 风险应对。对于被认定为重要汇率风险要素的，业务部门须根据内部汇率风险管理规定，制订应对方案和工作计划，开展相关工作。风险管理部门对具体执行情况进行监测。

④ 风险评价。审计部门对业务部门和风险管理部门是否按照有关规定开展汇率风险管理工作及其工作效果进行监督评价（至少每年一次），监督评价报告直接上报董事会审计委员会。

5.2.3.3 套期保值管理体系

（1）管理架构

针对外汇套期保值业务，C公司设立了“决策、管理、执行”三层管理架构。一是决策层。公司股东大会、董事会、高级管理层是公司外汇套期保值业务的决策机构。二是管理层。设立外汇套期保值领导小组，由公司董事、高级管理人员组成，负责制订外汇套期保值计划及方案，确定汇率风险管理的具体实施方案。三是执行层。设立外汇套期保值业务小组，组长由财务总监担任，负责研究外汇市场，制订外汇套期实施计划并动态调整，以及执行套期交易等。同时，设立外汇套期保值风控小组，对业务小组的操作执行情况进行监督（如图5.11所示）。

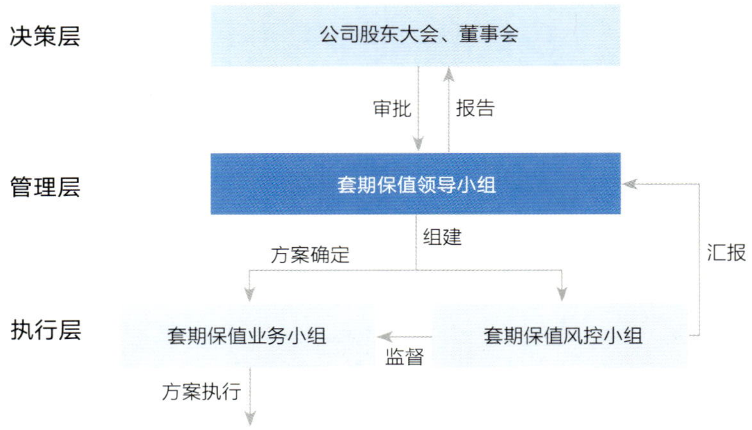

图5.11 C公司外汇套期保值业务管理架构

（2）政策制度

C公司先制定了《外汇套期保值业务内部控制及风险管理制度》，后修订为《套期保值业务内部控制及风险管理制度》，对套期保值业务的开展原则、组织架构、审批权限、业务流程、风险管理和定期报告等内容作出了明确规定。

（3）授权审批

C公司针对外汇套期保值业务建立了差异化授权审批机制。对于公司全年开展外汇套期保值业务单次或连续十二个月内累计金额超过公司最近一期经审计净资产一定比例，且绝对金额超过一定金额的，需由董事会审议后提交公司股东大会审批；对于未达到股东大会审批标准的，由公司董事会审批。

（4）额度管理

近年来，为满足套期保值业务开展需要，C公司大幅提高了董事会审议批准额度。衍生品整体保证金额度从2019年的32.9亿元调高至2024年的339亿元，增长近10倍。外汇类衍生品保证金额度从2019年的8亿元攀升至2024年的120亿元，增长近15倍（如表5.1所示）。

表5.1 C公司2019—2024年保证金额度占上期经审计净资产比例、保证金额度

年份	董事会审议批准的保证金额度占上期经审计净资产比例（%）	衍生品保证金额度（亿元）	外汇类衍生品保证金额度（亿元）
2024	76.83	339	120
2023	81.36	250	100
2022	22.48	190	80
2021	24.92	160	60
2020	36.43	120	60
2019	10	32.9	8

数据来源：C公司套期保值业务公告。

（5）套保策略

为有效防范市场风险，C公司外汇套期保值策略的制定，须以正常的生产经营活动为基础，与公司业务实际相匹配。相关部门需严格按照公司股东大会或董事会批准的外汇套期保值业务额度进行交易，控制资金规模，不得影响公司正常经营。

（6）套保方案

① 年度套期保值计划和日常经营套期保值方案

C公司的外汇套期保值方案包括年度套期保值计划和日常经营套期保值方案。

一是年度套期保值计划，主要包括交易目的、交易品种、交易工具、交易场所、预计动用的交易保证金和权利金上限、预计任一交易日持有的最高合约价值、专业人员配备情况、风险分析及风险控制措施等。

二是日常经营套期保值方案，在年度套期保值计划范围内，外汇套期保值业务小组根据公司实际制订日常经营套期保值方案，报外汇套期保值领导小组审批同意后贯彻落实。

② 套保额度

C公司根据业务经营需要，对未来拟开展外汇套期保值业务所需缴纳的保证金（含占用金融机构授信额度的保证金）进行测算并设定限额（即上限不超过人民币或等值其他外币一定金额）；任一交易日持有的最高合约价值不超过人民币或等值其他外币一定金额。该额度在审批有效期限内可循环使用。

（7）套保工具

C公司使用的外汇套保工具主要包括远期、掉期、期权、货币互换以及上述产品的组合。公司日常生产经营中使用的主要结算货币包括美元、欧元、日元和加拿大元等。

（8）套期保值流程

C公司外汇套期保值流程分为交易前、交易中和交易后三个阶段。

① 交易前

审批年度套保计划：套期保值业务小组起草年度套期保值计划后报领导小组审批，领导小组审批后提交公司董事会审计委员会审查，必要时聘请专业机构出具可行性分析报告。

制订经营套保方案：套期保值业务小组在研究外汇汇率走势的基础上，提出开展或终止外汇套期保值业务方案建议。

制订交易方案：套期保值业务小组根据拟进行套期交易的金额、期限、汇率水平等，向金融机构询价比价，拟定交易方案报领导小组或其授权人员审批。

审批交易方案：领导小组或其授权人员在股东大会或董事会审批额度范围内，对套期保值交易方案做出审批决定。

② 交易中

交易申请：套期保值业务小组根据审批通过的交易方案向金融机构提出交易申请。

价格确认：金融机构根据交易申请报出外汇套期交易价格。

合约签署与交易确认：双方就价格协商一致后签署外汇套期保值合约，金融机构出具交易确

认书，公司核对合约信息与申请信息是否一致，若出现异常需及时核查并报告。

③ 交易后

交易后处理：套期保值业务小组在收到金融机构发来的签署版合约和交易确认书后，对每笔交易进行登记。

账务处理：财务部门根据公司与金融机构签署的外汇套期保值合约中约定的外汇金额、汇率及交割期间，及时与金融机构进行结算。

动态监测：套期保值业务小组及时检查交易记录、跟踪交易状态，并妥善安排交割资金。套期保值风控小组实时监测市场风险、基差风险和资金风险等，及时评估汇率风险敞口变化情况。当出现较大市场波动或其他异常情况时，及时制订风险应急处置方案，并报告领导小组。

信息跟踪：套期保值业务小组需要求合作金融机构定期提供外汇套期保值业务相关数据、信息及服务。

档案管理：相关机构及时整理归档合同、单据等文件。

套保效果汇报：套期保值业务小组每月向外汇套期保值领导小组报告外汇套期保值业务盈亏情况。对于已发生的违约行为，须立即书面报告领导小组并抄送董事会秘书，以确定是否需履行信息披露义务。

内部审计：审计部门定期对外汇套期保值业务的实际操作情况、资金使用情况及盈亏情况等进行审计，并将审计结果向公司董事会审计委员会报告。

5.2.3.4 相关启示

第一，C公司采用汇率风险管理“三道防线”和外汇套期保值管理“三层”架构相结合的模式，全面管控外汇套期保值业务及其风险。此外，通过设立套期保值业务小组、套期保值风控小组等专业团队，具体管理套期保值业务，提升了套期保值业务精细化管理水平。

第二，C公司按照外汇套期保值业务规模实行差异化授权审批，有效提高了审批决策效率。

第三，C公司设立了严格的保证金限额，即对衍生品整体保证金和外汇类衍生品保证金分别设置管控额度，有利于防范过度套期等风险。

第四，C公司采用年度套期保值计划和日常经营套期保值方案相结合的方式，即在统筹规划的同时，保有相对灵活的操作空间，有利于提升风险管控实际效果。

5.3 海外企业案例

5.3.1 案例四：B集团外汇套期保值案例

5.3.1.1 企业概况

（1）企业基本情况

B集团成立于20世纪，总部位于瑞士苏黎世，作为全球电气与自动化领域的技术领军企业，在电气化、运动控制和过程自动化等领域具有较大话语权和较强竞争优势，在苏黎世、斯德哥尔摩和纽约证券交易所上市交易，业务遍及全球100多个国家和地区，拥有约16万名员工。2024年，非欧洲业务收入合计超过200亿美元，约占整体营业收入的66%；汇兑损益近2亿美元，在非欧洲业务收入中占比不到1%。

（2）全球业务情况

① 业务整体情况

B集团业务遍及欧洲、美洲、亚洲、非洲等100多个国家和地区，涉及多种货币收支。为便于财报管理和财务分析，B集团选择“硬货币”美元作为财报货币。2024年，B集团营业收入328亿美元，美洲地区收入达118亿美元，同比增长6%（其中美国收入增长8%）；欧洲地区收入下降4%，至111.2亿美元，主要是因为德国、意大利和瑞典收入下降；亚洲、中东和非洲地区的收入增长了4%，增加了近百亿美元（其中中国地区收入下降4%）（如表5.2所示）。

表5.2　B集团2023—2024年全球营业收入构成情况

单位：亿美元，%

	2023年			2024年		
	金额	占比	同比增长率	金额	占比	同比增长率
欧洲	115.7	35.8	12	111.2	33.9	–4.0
美洲	110.9	34.3	16	118.0	35.9	6.0
美国	82.5	25.5	17	88.8	27.0	8.0
亚洲、中东和非洲	95.8	29.6	0	99.2	30.2	4.0
中国	44.7	13.8	–5	42.6	13.0	–4.0
总计	322.4		9	328.5		2.0

② 对外投资情况

截至2024年末，B集团已在全球约100个国家和地区拥有不动产、厂房和设备，其中在建工程约7亿美元，主要分布于美国、德国、瑞士和瑞典。2024年，B集团在全球的资本支出和在建工程呈分化趋势。一是成熟市场（如欧洲和美洲），资本支出主要由现有生产设施升级和产能扩张驱动，涉及美国、德国、瑞士、瑞典、芬兰和意大利等国家。二是新兴市场（如亚洲、中东和非洲等地区），资本支出占总资本支出的比例为25%，较2023年上升2个百分点，主要用于投资新建厂房或扩建设施设备，其中中国和印度的支出占比最高，体现出集团对新兴市场投资的重视。

③ 在华投资情况

20世纪90年代末，B集团在中国厦门成立第一家合资企业，经过多年发展，目前已在中国拥有涉及研发、制造、销售和工程服务的本地企业30多家、员工1.5万余名，线上线下渠道覆盖近700个城市。截至2024年末，B集团在华累计投资超24亿美元（折合人民币约200亿元），约85%的销售收入来源于本土制造的产品和提供的服务。

（3）潜在风险

① 汇率风险

一是作为全球性跨国企业，B集团全球业务使用货币主要涉及美元、欧元、人民币、瑞典克朗和瑞士法郎等。2024年，B集团总收入的98%以上来自瑞士以外。当合同货币汇率发生较大波动时，其全球运营中的未来收支、以外币计价的资产或负债会受到较大影响，汇率风险不容忽视。

二是B集团还面临财务报表合并时将当地本位币财务报表转换为报告货币（即美元）的会计风险。2024年，B集团超70%的合并收入以美元以外的货币报告，其中欧元占23%，人民币占13%，相关货币汇率的较大波动将对集团合并报表的最终经营成果产生巨大影响。

② 商品价格风险

出于生产经营需要，B集团需在全球市场上购买多种原材料，包括铜、钢、铝、原油等大宗商品。受地缘政治冲突升级、贸易保护主义抬头、全球供应链重构等因素影响，原材料价格在过

去几年大幅波动，叠加汇率波动，给B集团全球贸易营业收入造成较大冲击。

③ 利率风险

B集团在全球的债务涉及美元、欧元、瑞士法郎等，相关货币的利率变化会导致B集团面临一定利率风险敞口，外债利率调升会导致B集团利息支出增加，本币资金缺口扩大，进而引发利率风险和流动性风险。

5.3.1.2 汇率风险管理体系

（1）组织架构

鉴于B集团的业务和子公司遍布全球，为更好地管理集团汇率风险，B集团采用了“决策层、管理层和执行层”三级汇率风险管理治理架构。第一，决策层。集团董事会是汇率风险管理的最高决策机构，在财务、审计和合规委员会（FACC）的辅助支持下，设定集团汇率风险管理总体目标和企业风险管理计划（ERM）。第二，管理层。成立了集团资金部门（Corporate Treasury，CT），负责汇总、监控和管理因日常业务及对冲风险产生的汇率风险敞口，具体操作对冲交易，并定期向董事会和FACC委员会上报集团汇率风险管理情况。第三，执行层。各子公司负责识别自身汇率风险敞口，提出套期保值需求，上报集团资金部门，并定期对汇率风险识别、计量、评估方案进行审查（如图5.12所示）。

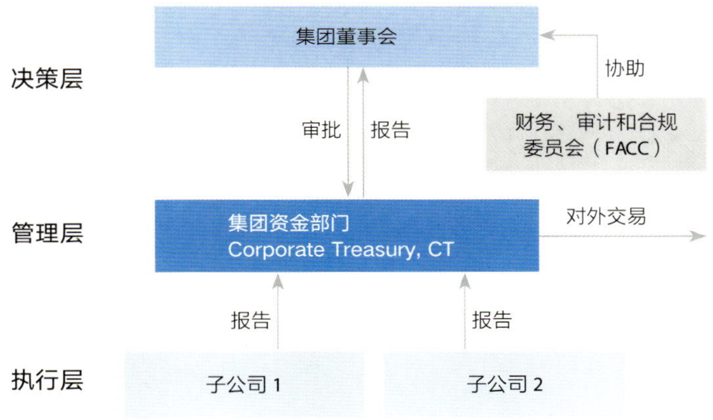

图5.12　B集团汇率风险管理治理架构

（资料来源：B集团2024年年报）

（2）政策制度

B集团制订了全球一体化的企业风险管理计划（ERM），该计划为董事会和FACC委员会及时呈现了全面的企业风险整体视图，并对子公司风险管理提出了具体要求。

（3）风险管理

B集团采取了“自上而下”与“自下而上”相结合的汇率风险管理方式，涉及全球所有地区、国家的子公司和事业部。第一，各地子公司负责识别面临的主要汇率风险，分析风险发生的可能

性、对盈利能力的潜在影响及可能受影响的关键绩效指标等，评估可行的风险缓释方案，并上报集团资金部门。第二，集团资金部门在风险管理团队的协助下，从集团层面梳理分析固有风险，评价控制措施或风险缓释措施有效性，分析剩余风险，将子公司上报的汇率风险管理情况报告给FACC和董事会。第三，在董事会授权范围内，集团资金部门协助子公司制定汇率风险管理措施，并统一对外进行套期保值，统筹管理集团汇率风险。

（4）汇率管理

一是由于不同国家子公司使用的记账本位币不同，汇率波动会对集团最终业务核算和财务结果造成影响，为降低会计风险，B集团选定美元作为统一折算货币，并在每年末明确折算标准，将子公司本位币记账金额统一转换为美元金额，以便各子公司和地区间进行财务成果比对。

二是B集团成立了全球会计服务中心(SAS)，每日在集团资源管理系统（SAP）中维护即期市场汇率，各子公司当日的外币账均使用SAP系统中汇率进行统一折算，可及时反映汇率变化对财务成果的影响。

5.3.1.3 套期保值管理体系

B集团由集团资金部门将子公司的汇率风险敞口上收后，统一对外进行套期保值操作，有利于降低套保交易成本，提高套保效率。

（1）套保管理

① 根据业务类型制订套保方案

B集团针对子公司不同业务量身定制套保方案。

一是对于项目类业务，考虑到项目周期长、金额大、涉及人员多、项目施工情况复杂等特点，B集团要求子公司在投标阶段，就将汇率风险纳入投标材料或商务合同中。对于合同金额小于5 000万美元的项目，汇率风险需由子公司执行总裁审批后，报集团资金部门审批；超过5 000万美元的项目，还需子公司首席财务官审批。

二是对于生产类业务，该类业务涉及大量金额较小、频率较高、币种较固定的原材料采购和产品销售，以订单为单位进行套期保值成本较高，故B集团允许该类子公司根据汇率风险敞口预算动态调整套期保值比例（如表5.3所示）。

表5.3　外汇套期保值覆盖率

预计汇率风险敞口期限	套期保值比例（%）
1~3 个月	80~100
4~6 个月	60~80
7~9 个月	40~60
10~12 个月	0~40

数据来源：B集团风险管理政策报告。

三是对于服务类业务，集团资金部门在与第三方金融机构签订套期保值协议时，针对期限较长的服务协议，集团资金部门应参考当前市场汇率变动趋势，定期审查协议条款，动态调整套期保值交易方案，尽量提前规避汇率风险。

② 建立套期保值业务平台

B集团在原集团资源管理系统（SAP）中增设了套期保值业务平台，集团资金部门可通过该平台对全球近百家子公司的套期保值业务进行集中统一管理。相较于前期子公司各自分别与金融机构进行套期保值业务，套期保值业务平台的建立大幅提高了B集团套期保值的专业性和实效性，交易成本、管理成本均大幅下降，成效显著。一是集团资金部门指派专门交易员根据子公司需求与金融机构进行统一议价，一方面提升了套保交易议价能力，节约了资金成本；另一方面让专业人员而非子公司财务人员进行套期保值操作，专业胜任力更强且沟通成本更低。二是通过套期保值业务平台可系统化、透明化、数据化管理子公司的套保需求和相关合同，有助于提高集团和子公司的汇率风险管理效率。三是使用套期保值业务平台后，B集团套期保值交易美元兑人民币的点差（Pips）从782点降至120点，平台的投产使用降低了套保交易成本。

③ 建立全球结算系统

B集团在瑞士总部成立了全球结算中心，建立了集团内部结算系统。全球结算中心每年初编制子公司结算时间计划，要求所有子公司在每个月上旬、下旬各安排一次付款，全年共24个付款周期。由于已基本确定了本年度收付款时间，在开展套期保值业务时，可明确需套期金额和期限，有助于提升套保有效性。

④ 运用轧差结算模式

结算时间计划的实施使得拥有相同币种的子公司之间进行内部集中轧差结算成为了可能。为进一步提高套保质效，集团资金中心利用套期保值业务平台，先对相同币种的外汇现货交易进行内部轧差，再就轧差后的剩余敞口与第三方金融机构进行套保交易，在最大化降低汇率风险敞口的同时，有效控制了外汇交易成本。

（2）套保授权

B集团要求所有子公司开展套期保值业务时均需得到集团资金部门批准，不得随意参与套期保值交易。若当地法律限制子公司与集团资金部门签订公司内部衍生品合约，经集团资金部门、董事会审批同意后，子公司可在当地与第三方金融机构签订衍生品合约。

（3）套保方案

① 切合实际。套保方案须根据子公司业务需要，基于业务类型、未来外币收付款需求和预计汇率风险敞口及其期限等，制订套保方案，进行风险对冲，最高对冲比例不超过100%。

② 匹配工具。针对具体外汇业务场景，择优选择外汇远期、掉期和交叉货币互换等衍生工具。外汇衍生品业务期限原则上控制在一年以内，且与外币收付款需求、负债到期日相匹配。

（4）套保流程

B集团外汇套期保值业务流程主要涉及四个主体，即子公司、集团资金部门、集团会计服务中心和第三方金融机构，分为交易前、交易中和交易后三个阶段（如图5.13所示）。

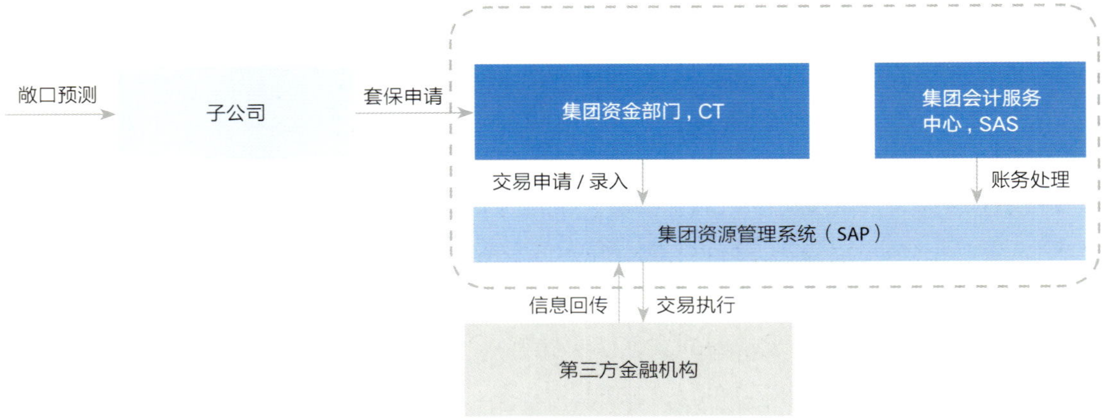

图5.13　B集团外汇套期保值业务流程

① 交易前

业务授权：每年初，集团董事会审议本年度子公司结算时间计划，授权集团资金部门管理集团汇率风险，执行外汇对冲交易操作。

敞口预测：各子公司根据已签订采购销售合同、结算时间计划，以及预测的未来销售收入、管理费用和外汇收支预算等，测算评估自身汇率风险敞口。

套保申请：各子公司根据实际暴露的汇率风险敞口币种、交易金额、交易时间等，在套期保值业务平台上提出套保申请，经子公司财务总监审批后提交。

套保方案制订：集团资金部门通过套期保值业务平台，根据汇率走势和金融机构报价，制订与实际业务匹配的外汇套保方案，报董事会和FACC委员会审批。

② 交易中

交易申请：按照审批通过的套保方案，集团资金部门在套期保值业务平台上与多家金融机构进行议价。

价格确认：金融机构确定交易价格并发出交易确认书。

交易确认：集团资金部门核对金融机构的交易确认书，确保与套保申请一致，若出现异常需及时核查并报告。

③ 交易后

交易录入：确认交易信息无误后，在套期保值业务平台上维护每笔交易。

交易估值：集团资金部门每月对套期保值业务的公允价值进行评估。

账务处理：集团会计服务中心（SAS）根据套期保值业务平台中的信息，在系统中进行账务处理。

动态监测：集团资金部门持续监测外汇市场走势，定期评估套保方案有效性，及时进行套期关系再平衡，定期报告风险及损益情况。

内部审计：审计部门定期检查交易操作、资金使用及损益情况，并向管理层报告。

档案管理：相关机构及时整理归档合同、单据等文件。

5.3.1.4 相关启示

第一，B集团采用“决策层、管理层、执行层”三层架构，由集团资金中心统筹管理全集团套期保值业务，提升了集团套期保值业务整体的全局性、系统性和专业化水平。

第二，B集团通过建立套期保值业务平台，可全面、及时、穿透、动态掌握全球子公司的汇率风险敞口及套期保值业务情况，为套期保值业务科学决策和精益管理奠定了基础。

第三，B集团通过统一制订子公司结算时间计划并采用内部轧差结算方式等，降低了收支时间的不确定性，为提高套期有效性、降低套保交易成本提供了支持。

5.3.2 案例五：D公司外汇套期保值案例

5.3.2.1 企业概况

（1）企业基本情况

D公司作为传统动力系统和电动推进系统的全球领导者，成立于1904年，总部位于美国，致力于为全球车辆设计、制造和分销、动力输送和能源管理企业提供解决方案。在美国纽约证券交易所上市交易，客户遍及全球140多个国家和地区，拥有约4.2万名员工，88个生产中心。2023年，D公司非美国地区业务收入合计约60.6亿美元，约占整体营业收入的57%。

（2）全球业务情况

① 全球收入分布情况

D公司按照业务分布情况，将营业收入分为北美、欧洲、南美、亚太4个地区。2023年，D公司北美地区营业收入占全年总营业收入的45%，为47.5亿美元，随后是欧洲地区和亚太地区，分别占比为34%和14%，南美地区营业收入占比为7%（如图5.14所示）。

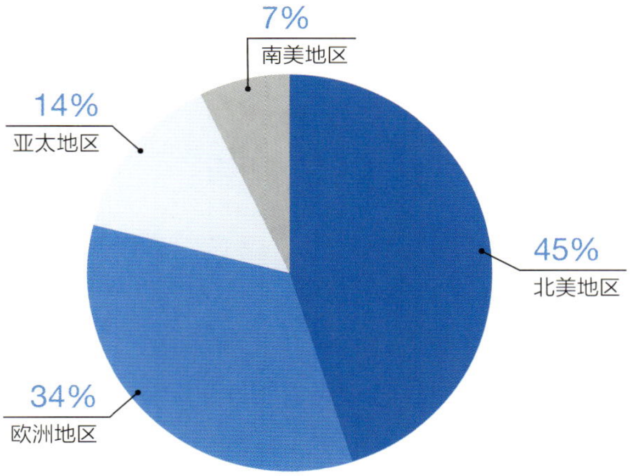

图5.14　D公司全球营业收入分布情况

（数据来源：D公司2023年年报）

② 对外投资情况

新能源汽车在全球电动车市场中处于领先地位，同时，亚洲拥有世界上最高的电动车市场增长率，故D公司以各种途径增加其在亚太地区的投资规模，尤其是中国和印度市场。D公司通过与当地市场合作伙伴共同投资或合资建立企业开展业务，拓展现有和潜在客户资源，并辐射到全球其他市场。

（3）业务经营模式

目前，D公司有以下两种业务经营模式。

第一，自行生产模式。即通过自建厂房生产、加工汽车动力零部件和系统。此模式下，会涉及对外原材料采购（墨西哥、巴西）和销售（欧洲、亚太地区），盈利能力会受商品价格风险和产成品销售价格波动影响。

第二，对外投资模式。为满足不同市场需求，D公司以收购并购方式不断扩张对外投资区域，在亚太等地投资建立了多家生产中心，将外生性增长作为其业务扩张和发展的主要方式。此模式下，可以利用当地的基础设施和供应链完成原材料采购、销售和人工成本支付，商品价格风险相对可控，盈利能力主要受产成品销售价格波动和投资风险影响。综上，D公司盈利能力主要受原材料、待销产品的商品价格波动、汇率波动和投资风险影响。

（4）潜在风险

① 汇率风险

D公司2023年营业收入的57%来自美国以外的国家和地区，国际货币走势会对其经营业绩产生重大影响。同时，汇率不稳定会增加其从外部供应商处获得原材料、组件的成本，影响其在美国以外国家的产品销售利润率。D公司汇率风险主要和子公司之间、公司与第三方在销售、购买交易、跨币种公司之间的贷款和外部债务有关。

② 商品价格风险

D公司产成品成本会受到原材料(如各种等级的钢材、铝材、铜材、黄铜和稀土材料)商品价格变化的显著影响。商品价格风险不仅体现在原材料成本中，也间接通过铸件、锻件、轴承、电池等零部件价格体现，如美国对进口钢铁和铝征收关税会提高相关产品成本，从而影响公司营业收入。

③ 境外投资风险

D公司近年来在全球开展收购业务，从2024年起颁布多项针对中国和印度等新兴市场的投资增长计划。被投机构所在国家的立法要求、贸易限制、合作伙伴对合资企业目标的不一致，以及合作伙伴能否完全履约都会影响D公司的境外投资风险。

5.3.2.2 汇率风险管理体系

（1）管理目标

D公司将汇率风险管理目标与企业整体战略目标相融合，秉持稳健经营理念，通过多项管理手段有效降低汇率风险对收益的波动性，确保年度经营目标顺利达成，提升企业价值。

（2）组织架构

D公司采用“决策层、管理层、审查层和执行层”四级架构对汇率风险进行管理。

第一，决策层。董事会作为汇率风险管理的决策机构，负责审批公司对冲策略。第二，管理层。总部风险管理部负责制定公司对冲策略，监控公司汇率风险敞口情况和各业务部门风险管理执行情况，并为子公司金融工具对冲方案提出具体建议。第三，审查层。总部资金部负责审查和评估现有套保交易，以确保符合公司的汇率风险管理对冲战略及政策；批准子公司进行套期保值交易，在汇率风险管理系统中确认和维护相关外汇衍生品合约信息。总部财务会计部负责确定套期保值业务会计处理方法，审查并核对会计记录。总部各业务部门负责汇总子公司上报的汇率风险敞口数据。第四，执行层。子公司根据资金部审查意见，结合风险管理部给出的对冲交易具体建议，执行汇率风险对冲交易（如图5.15所示）。

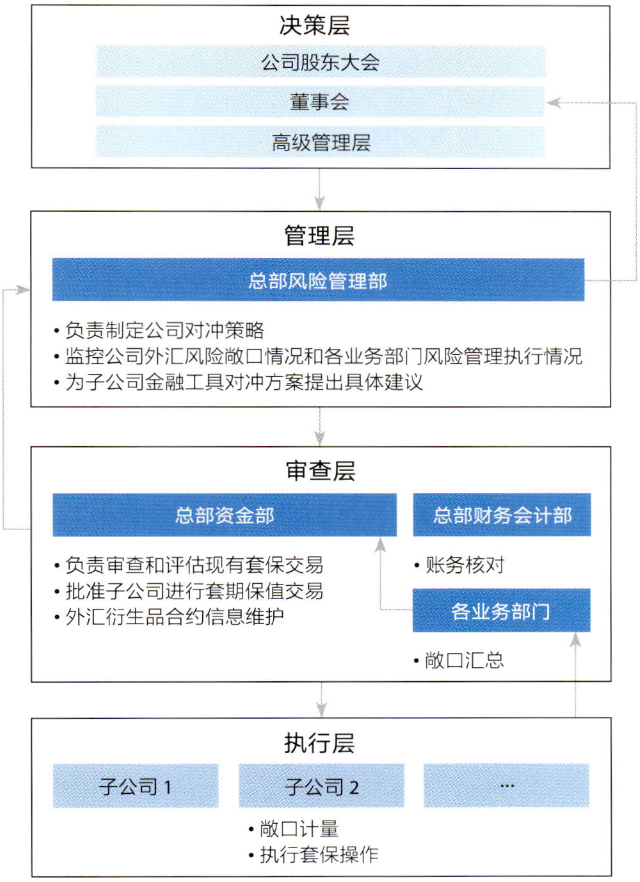

图5.15　D公司汇率风险管理架构

（资料来源：D公司2023年年报、官网）

（3）授权审批

D公司风险管理部经董事会授权，对汇率风险敞口进行全面评估，结合年度财务风险管理审查意见，提出进行对冲交易的决定。制定分级授权的金额如表5.4所示。

表5.4 D公司外汇对冲交易授权金额

授权人员	授权金额
集团公司财务总监	2 亿美元
集团公司资金部经理	1 亿美元
集团公司资金部经理助理	5 000 万美元
衍生品交易员	500 万美元

数据来源：D公司公开报告。

（4）管理策略

D公司主要采用风险转移的积极性套期保值策略，通过自然对冲、与客户分摊汇率损益、签订外汇衍生品合约的方式分散自身汇率风险。

① 自然对冲策略

在使用外汇衍生工具之前，D公司首先考虑采用自然对冲形式进行汇率风险管理。如通过合并不同子公司的外汇资产与负债抵消净敞口。如果子公司X持有美元资产，子公司Y持有美元负债，总部合并后净敞口归零。同时，通过多元化市场布局，在南美、欧洲、亚太、北美多个区域开展投资与经营活动，利用当地供应链完成生产、运输和销售，一方面减少汇率转换支出，另一方面分散收入来源降低单一货币波动影响。

② 损益分摊策略

损益分摊策略旨在通过协议或操作手段，将汇率波动带来的收益或损失在相关方之间合理分配。D公司与大多数客户在签订协议时规定，汇率波动超过一定幅度时，或者公开商品指数发生一定程度变动时，需调整商品价格以分摊损失金额。这在很大程度上缓解了汇率波动带来的成本影响。

③ 金融衍生工具策略

若进行自然对冲、损益分摊等操作后，汇率风险敞口依旧存在，公司允许在满足企业业务战略与外汇政策的前提下，运用金融衍生品开展套期保值工作。D公司使用外汇远期合约来管理销售和购买交易以及某些外币资产和负债相关的外币汇率风险；使用交叉货币掉期合约来管理与公司间贷款和外债相关的外币汇率风险。D公司要求至少每季度对汇率风险敞口进行审查，以确认风险管理措施的有效性。

5.3.2.3 套期保值管理体系

（1）套保策略

D公司根据公司整体风险偏好和汇率风险管理目标，通过汇率风险对冲活动，削弱汇率波动对损益的冲击，有效降低收益的波动性。

（2）套保方案

① 满足实需。套保方案须满足总部和各子公司实际业务需要。基于外币业务规模、外币资产

和负债金额以及未来外币收付需要，明确相应套期保值交易的金额和期限。

② 匹配工具。针对具体业务场景，选择外汇远期、外汇掉期、货币互换等金融衍生工具，降低套期交易成本。2023年，D公司外币衍生工具名义金额中，约56%为固定汇率交叉货币掉期合约，其余44%为与预测性外币计价销售和采购交易相关的外汇远期合约。外汇套保交易期限原则上控制在18个月以内。

（3）套保流程

为有效管理企业汇率风险敞口，D公司外汇套保流程分为交易前、交易中和交易后三个阶段。

① 交易前

业务授权：每年初，公司董事会审议批准分级授权金额和公司年度对冲策略。

敞口预测与套保方案提出：各子公司根据本年度预测业务情况和自身资产负债现状，识别、计量、评估本公司外汇收付款预测金额和汇率风险敞口，提出套保方案，上报总部业务部门。

敞口汇总：总部业务部门汇总各子公司汇率风险敞口情况，上报风险管理部。

套保方案审批：风险管理部审核公司和子公司汇率风险敞口，以确保符合公司的汇率风险管理策略，并根据汇率走势评估子公司套保方案，提出对冲交易适当建议；资金部审批通过后，子公司可在审批范围内进行套期保值交易。

② 交易中

交易申请：根据审批通过的套保方案，子公司与当地金融机构就套保交易公开询价，并提交交易申请。

价格确认：金融机构确定交易价格并与子公司确认。

合约签订：价格确认无误后，子公司与金融机构签订相关对冲交易合约，接收金融机构交易通知书。

交易确认：子公司核对金融机构交易通知书信息，无误后上报总部资金部；若出现异常，需及时核查并报告。

③ 交易后

交易记录：所有套期保值交易都必须由资金部登记在汇率风险管理系统中，进行信息维护。

交易评估与监测：资金部根据市场数据和企业现状需要，审查和评估现有外汇套期保值业务，以确保符合公司的汇率风险管理对冲策略。

风险监测：风险管理部监控业务部门、财务会计部门、资金部、子公司是否遵循了相关制度，以保证套期交易在公司政策范围内执行。

会计处理：财务会计部每月对对冲交易的会计记录进行审查与核对，首席会计官负责确保所有公司文件已根据现有法律法规对衍生品活动进行适当披露。

定期估值：资金部每月对所有衍生工具的到期或按市价计算的价值进行重新估值，并向风险管理部汇报。

套期有效性评估：集团资金部持续监测外汇市场波动，定期评估套保方案有效性。

套期有效性测试：财务会计部按季度对所有接受套期会计处理的子公司套期会计进行有效性

测试。按照每月的实际业务情况逐月调整对冲交易量，以便套期交易符合指导原则。

内部审计：审计部门定期检查交易操作、资金使用及损益情况，并向管理层报告。

档案管理：及时归档相关合同和单据。

5.3.2.4 相关启示

第一，D公司通过自行生产和对外投资相结合的模式，在全球化布局中动态平衡商品价格波动和汇率波动对盈利稳定性的影响，保障跨境业务的可持续发展。

第二，D公司通过外汇对冲交易分级授权，明确汇率风险管理责任边界，提升管理的灵活性和安全性。

第三，D公司通过建立“决策、管理、审查和执行”四级架构管理企业套期交易，套保业务质效双升。

第四，D公司通过自然对冲、损益分摊、金融衍生工具对冲等多种方式相结合，多维度覆盖汇率风险敞口，通过协同效应实现成本优化和战略适配。

5.4 案例启示

在全球经济一体化背景下，汇率波动已成为跨国企业经营的核心变量。本文通过分析国内外不同类型、行业企业套期保值实践，揭示国内外企业在汇率风险管理上的战略差异，并总结有效开展套期保值业务的关键要素。

对外业务方面，国内外企业全球化布局深度较为不同。国外企业更早具备全球化基因，业务分布呈现高度分散化特征。其在全球范围内布设数量众多的分支机构，并通过跨国并购实现产业链延伸，有效降低币种错配风险。国内企业全球化进程加速较快，但区域集中度较高，对于汇率风险缓解的有效程度稍显不足。

外汇币种方面，国外企业面临多币种、多市场的汇率风险敞口，所需对冲的币种较为复杂；国内企业多以美元为主要外币币种，辅以欧元、日元等，对冲币种较为单一。

汇率风险管理方面，国外企业倾向于采用精细化分层架构，通过多层级管理明确汇率风险职责划分；而国内企业偏重于集中化管理，更依赖制度、规范完成刚性约束。

管理工具选择方面，国外企业优先考虑使用自然对冲策略稳健管理汇率风险，这得益于其在市场中的议价能力较高，可与合作企业达成风险共担合同；国内企业偏好于采用衍生金融工具对当年度外汇交易业务风险进行积极对冲管理。

平台建设方面，国外企业系统化程度较高，更青睐于通过建立套期保值管理平台、全球结算系统来统筹管理集团及其子公司套保业务；国内企业系统化工具开发稍显滞后，大多通过与外部金融机构签订外汇套期保值协议实现。

企业套期保值业务应从管理理念升级、管理方式创新、操作手段优化、风险控制有效等方面进行创新。一是管理理念升级，企业应将套期保值、汇率风险管理与企业战略目标深度融合。二是通过集中化管理和本地化经营相结合的管理方式，利用数字化平台赋能套期保值业务。三是使用创新工具组合，尝试探索如外汇期权组合等的工具，增强套保灵活性。四是通过建立量化评估模型，提升敞口测算精度和套保有效性。

企业应努力从汇率风险管理体系设计、相关系统建设、专业套期保值团队与人才培养等方面，从战略高度整合套保业务，通过架构优化、工具创新和系统升级构建差异化竞争力。未来竞争中，将套期保值从“成本中心”转化为“价值创造工具”，将成为企业全球化成败的关键。

同时，本书还针对外汇套期会计实践进行细致阐述并提供详细案例解析。最后，通过对多家样本企业财务负责人进行深入访谈，系统性解构各个案例的汇率风险来源及类型、汇率风险管理策略以及套保实践应用，为企业搭建科学有效的汇率风险管理体系提供案例支持与决策参考。

本书致力于以中国本土化语境重构风险中性理念——从被动应对市场波动转向主动管理金融风险，从单点工具套保升级为资产负债表的全局战略管理。在人民币国际化纵深推进与全球货币体系变革的交汇点上，本书旨在既为企业构筑风险防火墙提供战术手册，也为政策制定者完善市场基础设施、培育风险对冲文化贡献实践镜鉴。当不确定性成为新常态，唯有将汇率风险管理内化为企业核心能力，方能在全球价值链重构中把握战略主动，于市场风浪中行稳致远。

序 言

2024年，全球宏观图景在多重张力中深刻重构。美联储货币政策在“抗通胀”与“防衰退”之间反复权衡，地缘裂痕加剧能源与供应链价格波动，在主权货币竞相调整的浪潮下，汇率市场呈现出高波动、非线性、跨区域传导的复杂特征。中国经济通过制度型开放增强内外循环韧性，但外贸主体在“一带一路”贸易占比突破50%、跨境投融资纵深拓展的同时，也直面汇率双向波动常态化与风险敞口隐蔽化的双重挑战——美元指数受政治周期影响剧烈波动，非美货币在政策分化中割裂运行，微观经营层面对冲工具的选择困境与宏观战略层面对风险定价权的争夺，共同构成企业全球化进程中不可回避的命题。

自汇率制度改革以来，我国企业汇率风险管理正经历从被动应对向主动驾驭的范式跃迁。随着风险中性理念的深化，企业逐步摒弃“赌汇率”的投机思维，转而通过远期、期权等衍生工具构建系统性对冲框架。展望未来，企业汇率风险管理将向精细化、智能化纵深发展。数字化技术赋能下的智能对冲策略、产业链上下游风险联动的生态化管控正成为新趋势。同时，政策端持续优化市场基础设施，加大推动在离岸人民币外汇市场创新，为企业提供更丰富的避险工具箱。

为系统性回应企业需求，国家外汇管理局于2024年修订并发布《企业汇率风险管理指引》（2024年版），旨在通过理论结合实践的方式，推动风险中性理念的深化落地。本书的编撰，正是基于这一政策导向，结合2024年全球外汇市场特征与中国企业真实案例，提炼方法论与操作框架。本书采用“全场景分析+行业适配”的研究方法，充分利用招商银行丰富的企业客户资源与外汇市场实践经验，以及相关专家团队在全球汇率风险管理领域的研究框架、分析工具以及对中国企业的长期深度洞察。本书不仅全面梳理全球宏观经济环境动态，追踪外汇市场走势，系统分析企业汇率风险管理及外汇套期保值领先实践，形成兼具普适性与前瞻性的管理体系，还对多家代表性企业进行问卷调研，其调研覆盖出海建厂、跨境投融资、货物贸易等多元场景，深入了解中国企业汇率风险管理的现状、痛点问题和提升方向。

责任编辑：王雪珂
责任校对：李俊英
责任印制：陈晓川

图书在版编目(CIP)数据

中国企业汇率风险管理实践 / 招商银行企业汇率风险管理服务小组编著. -- 北京 : 中国金融出版社，2025. 6.
ISBN 978-7-5220-2831-6

Ⅰ. F275；F279.23

中国国家版本馆CIP数据核字第2025BE0947号

中国企业汇率风险管理实践
ZHONGGUO QIYE HUILÜ FENGXIAN GUANLI SHIJIAN

出版
发行 中国金融出版社

社址 北京市丰台区益泽路2号
市场开发部 (010) 66024766，63805472，63439533 (传真)
网上书店 www.cfph.cn
(010) 66024766，63372837 (传真)
读者服务部 (010) 66070833，62568380
邮编 100071
经销 新华书店
印刷 天津市银博印刷集团有限公司
尺寸 210毫米 × 285毫米
印张 9
字数 238千
版次 2025年6月第1版
印次 2025年6月第1次印刷
定价 88.00元
ISBN 978-7-5220-2831-6

招商银行
CHINA MERCHANTS BANK

招银避险，同行共远

U0980859

中国企业汇率风险管理实践

FX RISK MANAGEMENT PRACTICES OF CHINESE ENTERPRISES

招商银行企业汇率风险管理服务小组◎编著

中国金融出版社